KB109932

청춘아, 매력을 잡아라

개인브랜드사회 인성 프로젝트

청춘아
매력을
잡아라

여태옥 안효정 이경희
정성훈 배윤미 설진선 /지음

출판이안

개인브랜드사회 인성 프로젝트
청춘아 매력을 잡아라

초판 인쇄 | 2015년 5월 22일
초판 발행 | 2015년 5월 27일

지은이 | 여태옥 안효정 이경희 정성훈 배윤미 설진선
펴낸곳 | 출판이안

펴낸이 | 이인환
등 록 | 2010년 제2010-4호
편 집 | 이도경, 김민주
주 소 | 경기도 이천시 호법면 단천리 414-6
전 화 | 031)636-7464, 010-2538-8468
팩 스 | 070-8283-7467
인 쇄 | 이노비즈
이메일 | yakyeo@hanmail.net
홈카페 | http://cafe.daum.net/leeAn

ISBN / 979-11-85772-10-3(03320)

값 14,800원

「이 도서의 국립중앙도서관 출판예정도서목록(CIP)은 서지정보유
통지원시스템 홈페이지(http://seoji.nl.go.kr)와 국가자료공동목록
시스템(http://www.nl.go.kr/kolisnet)에서 이용하실 수 있습니다.
(CIP제어번호: CIP 2015012103)」

추천사

기업의 인재 채용에 있어서도 탈 스펙시대에 인성이 강조되고 있습니다. 또한 감정노동도 근본에는 인성의 문제가 자리 잡고 있습니다. 이 책은 모범적인 인성의 매뉴얼과도 같아 이 시대의 청춘에게 일독을 권합니다.

-감정노동연구소 김태홍 소장

세상의 힘든 일 중 하나가 협상이다. 협상은 특별한 기술이 아니라 우리가 살아가면서 원하는 것을 쉽게 얻는 매력을 갖추면 쉽게 잡을 수 있는 영역이다. 직장에서 협상의 고수가 되고, 생활에서 원하는 것을 싶게 얻고 싶다면 이 책을 통해 꼭 필요한 능력인 매력을 갖추는 기술을 배웠으면 한다.   - KB국민은행 개봉남지점장 최관진

당신의 브랜드는 무엇입니까? 개인브랜드 사회에서 이 말은 곧 "당신의 매력은 무엇입니까?"라는 말과 상통합니다. 이 책에는 강의현장에서 저마다 사람을 끄는 독특한 매력의 힘을 길러 오신 여섯 분 강사님들의 노하우와 그것을 통해 성장하는 방법이 오롯이 담겨 있습니다. 이제 여러분이 함께 이 책을 통해 나만의 매력을 찾아 나만의 브랜드를 갖춰 나갈 차례입니다.

-로젠탈교육연구소 대표 민현기

Prologue

매력자본으로 개인브랜드 가치를 높여라

무엇이 있느냐 네게는

나비도 바람도 그냥

지나치지 못하는

세상을 끄는 강력한 그 무엇

영국의 캐서린 하킴 교수는 매력적인 남성이나 여성이 평균치보다 더 많이 돈을 번다는 것을 연구로 밝혀내고 매력의 중요성을 강조하기 위해 '매력자본' 이라는 신조어를 만들어냈다. 현대사회를 경제자본, 문화자본, 사회자본에 이어 매력자본이 매우 중요한 개인자본의 시대로 접어들었다고 본 것이다.

개인브랜드의 중요성이 강조되는 사회에서 굉장히 설득력 있는 말이다. 이제 우리는 미래사회에 인간보다 뛰어난 능력을 가진 로봇과 경쟁을 해야 한다. 그리고 그들 속에서 살아남기 위해서 자신만의 개인브랜드 가치를 극대화시켜야 한다. 따라서 어느 때보다 자신만의 고유 매력을 갖춰 자신의 상품가치를 높이는 일에 많은 노력과 투자를 해야 하는 현실에 부딪힌 것이다.

"나만의 매력은 무엇인가?"
"나만의 개인브랜드 가치는 얼마인가?"

매력은 사람을 끌어들이는 힘이다. 따라서 스스로에게 이렇게 수시로 묻는 것은 매우 중요한 질문이다. 매력과 개인브랜드 가치는 서로 떼어 놓을 수 없는 말이기에 항상 둘을 결부시켜 자신만의 매력을 찾아 개인브랜드 가치를 극대화시키기 위해 심혈을 기울여 하기 때문이다.

매력을 갖추겠다고 무조건 인기스타를 따라 한다면 오판이다. 아무리 비싼 돈을 들여 그들과 똑같은 모습으로 성형을 하고 판박이처럼 따라 해도 매력까지 그대로 가져 올 수는 없다.

당장 주변을 둘러보자. 우리 주변에는 매력 하면 성적매력을 떠올리고 섹시한 몸매와 섹스어필을 따라 배우려고 기를 쓰는 사람들이 많다. 하지만 그들 중에는 아무리 예쁘거나 잘 생겼어도 오히려 비호감인 경우가 많다. 너무 뛰어난 외모로 사람들의 집중을 받다 보니 오히려 차갑다거나 조신하지 못하다는 인상을 주는 경우도 많다. 따라서 매력을 갖춘다며 다이어트나 성형수술에 의존하며 자신만의 고유 매력을 잃어가는 모습은 오히려 안쓰럽기만 하다.

이런 문제의식으로 여섯 분의 매력 강사님을 모셨다. 현장에서 직접 부딪히는 체험담을 중심으로 누구나 자신에게 맞는 매력을 찾아 자신의 것으로 만드는 방법을 제시하고 싶었기 때문이다.

그리고 이렇게 각 분야의 전문가적 소견을 바탕으로 '자존매력', '유머매력', '화법매력', '이미지매력', '친화매력', '밀당매력' 등 현대 사회에서 가장 중요하다고 생각하는 매력의 중요한 요소인 여섯 가지를 집중적으로 다뤄 독자님들 앞에 내 놓는다.

자신의 매력을 찾기 위해서는 먼저 강점을 찾을 줄 알아야 한다. 또한 강점을 찾기 위해서는 긍정적인 마인드가 절대적으로 필요하다. 그래서 강점 찾기와 긍정 마인드의 핵심으로 '자존매력'과 '유머매력'의 중요성을 짚어 보았다.

또한 현대사회에서는 겉으로 드러나는 것을 무시할 수 없다. 목소리와 이미지는 첫인상에서 매우 중요하게 여기는 요소다. 그래서 '화법매력'과 '이미지매력'을 가급적 이론보다 구체적인 사례를 중심으로 다뤄보았다. 여기에 인용되어 있는 내용만 요점으로 정리해서 교재처럼 활용한다면 금방 배워 바로 현실에 적용할 수 있을 것이라 확신한다.

그리고 갈수록 관계를 중시 여기는 사회에서 '친화매력'과 '밀당매력'은 사람의 마음을 얻기 위해 꼭 갖춰야 할 미덕이다. 매력의 근본은 형식이나 기술이 아니라 사람을 대하는 진심이라는 것을 인식한다면 누구나 쉽게 자신만의 고유 매력으로 배워 금방 활용할 것이라 믿는다.

매력은 타인의 감성과 본능을 사로잡는 힘이다. 따라서 남들과 똑같은 방법으로는 결코 매력을 발휘할 수 없다는 것을 알고 먼저 자신만의 고유한 매력을 찾는 일에 집중해 나가야 한다.

또한 성격이나 마인드는 의지와 생각만으로 쉽게 바꿀 수 없다는 것을 분명히 알아야 한다. 꾸준한 학습을 통해 의지대로 자신의 성격이나 마인드를 컨트롤하는 습관을 바꿔나가는 것이 매우 중요한 일이다. 그리고 습관을 바꾸기 위해서는 먼저 '매력자본'의 중요성을 절실하게 인식하고 지금 당장 쉽게 할 수 있는 일부터 시작해 나가야 한다.

백 가지 이론보다 더 중요한 것은 단 한 번의 실천이다. 모쪼록 이

책이 어설픈 이론서가 아니라 누구나 쉽게 따라 배우는 매력의 구체적인 실천서로 활용되기를 바랄 뿐이다.

　그동안 나매력 씨와 안매력 씨라는 가상의 인물을 만들어 내고 그들과 함께 '매력자본'의 중요성을 일깨우기 위해 오랜 시간 머리를 맞대고 함께 고민했던 여섯 분의 강사님들께 감사드린다. 아울러 든든한 정신적 후원자로 매력 만점을 발휘하며 묵묵히 지원해 주신 로젠탈교육연구소 민현기 대표님께도 진심으로 감사드린다.

출판이안 대표 이인환

10

: CONTENTS

Prologue _ 6

PART 1

자존매력으로 강점을 발휘하라

PART 2

유머매력 感을 잡아라

PART 3

'나강리'로 매력화법을 구사하라

PART 4

볼수록 빠져드는 매력이미지를 갖춰라

PART 1

자존매력으로 강점을 발휘하라

자존감은

내 인생을 책임지겠다는

자세에서 시작된다.

– 조앤 디디온

자존매력으로
강점을 발휘하라

나매력의 성공비결

나매력은 제주도 여행을 갔다가 중문단지에서 우연히 보험사 지점장을 만났다.

"나매력 씨 웬일이야?"

"이렇게 지점장님 뵈러 왔죠?"

"허허, 어떻게 내가 여기 있는 줄 알고? 허허허."

지점장은 나매력이 뻔한 거짓말을 하는 줄 알면서도 마냥 기분이 좋다. 그동안 몇 번 눈여겨 보는 동안 나매력 옆에 있으면 은근히 기분이 좋아지는 경험을 많이 했다. 젊은 사람이 인사성만 밝은 것이 아니라 항상 긍정적인 말로 사람을 은근히 기분 좋게 하는 재주가 있었다.

"잘 놀고 서울 오거든 한번 찾아 오게나."

"예, 오늘 어째 기분이 좋은 일이 있을 것 같더니 이렇게 지점장님을 뵙게 됐네요. 꼭 찾아 뵙고 인사드리겠습니다. 감사합니다."

나매력은 처음으로 지점장의 밝은 미소를 보았다. 그동안 찾아갈 때마다 문전박대를 놓았던 깐깐한 사람이었다. 트집 잡기를 좋아하는 사람처럼 뭔가 용건을 꺼내려고 하면 어떻게든지 하자를 잡아 퇴짜를 놓곤 했었다. 매번 지점장을 만나러 갈 때는 문 앞에서 심호흡을 해야 했고, 어떻게든지 하자를 보이지 않으려고 온갖 정성을 들였다. 그런데 한 번도 따뜻한 말 한 마디 하지 않았던 지점장이 우연히 만난 여행길에서 살갑게 인사를 받아 준 것이다.

"나매력 씨, 묘한 매력이 있는 사람이야."

"예?"

"우연을 필연으로 만드는 재주가 보통이 아니야."

"예?"

며칠 후 여행을 끝내고 찾아갔더니 지점장은 전혀 다른 사람이 되어 있었다. 그동안 퇴짜만 놓던 서류를 다시 보자더니 선뜻 계약을 맺어 주었다.

"나라고 어찌 모르겠나? 그동안 나 때문에 힘들었지? 그동안 자네를 쭈욱 지켜 보았네. 그동안 자존심도 많이 상하고 스트레스도 많이 받았을 텐데 어떻게 초지일관 밝은 표정으로 내게 다가설 수 있었는가?"

지점장은 남들 같으면 자존심 상해 다시 찾아오지 않을 법도 한데 꾸준히 찾아온 것도 그렇지만, 제주도에서 남들 같으면 못본 척 지나칠 수 있는 자리인데도 선뜻 밝은 표정으로 다가선 나매력을 보고 마음을 굳혔다고 한다.

"자네, 그 마음 놓치지 말게. 일하다가 좀더 크게 하고 싶으면 한번 내 밑으로 오게. 자네 같은 사람은 반드시 성공할 거야. 어떤 경우에도 잃지 않는 그 미소와 배려가 마음에 들어."

나매력은 지점장의 이야기를 들으며 내심 쾌재를 불렀다. 어떠한 경우에도 나 자신을 내려놓고 진심으로 다가서면 언제가 통할 거라는 자신의 신념을 확인하는 순간이었다. 그동안 매번 퇴짜를 맞을 때마다 왜 자존심이 상하지 않았겠는가?

하지만 그는 자신의 신념을 믿었다. 자존심이란 상대에게 내세우는 것이 아니라 자신에게 내세워야 하는 것이다. 상대가 내 말을 들어 주지 않는다고 내세우는 자존심을 내세워 감정을 일으키거나 좌절을 한다면 그것은 엄밀히 말해 자만심에 취한 것에 불과하다. 진정한 자존심이란 내 말을 들어주지 않는 상대를 만났을 때에도 감정을 일으키거나 좌절을 하기보다 어떻게든지 상대가 내 말을 듣게 만들었을 때 내세울 수 있는 마음이다.

자존감은 내 인생을 책임지겠다는 자세에서 시작된다.

- 조앤 디디온

자존심이 강한 사람은 남의 지적을 받았을 때 얼른 자기를 낮추고 남의 말을 받아 들이는 자세를 취한다. 자신의 인생을 책임지겠다는 자세가 확실하기 때문에 웬만해서는 남의 말에 감정이 상하거나 화를 내지 않는다. 남의 말에 감정이 상하거나 화를 내는 것은 결코 자기 인생에 도움이 되지 않기 때문이다.

이에 반해 자존심이 약하고 자만심이 강한 사람은 남의 지적을 받으면 먼저 감정부터 부린다. 상대를 제대로 바라보지도 못하기 때문에 그 말이 온전히 들릴 수가 없다. 그것이 자신의 인생에 엄청난 손해를 가져온다는 것을 알면서도 자신의 인생에 무책임하게 감정부터 부리고 보는 것이다.

나매력은 자존심과 자만심의 차이를 확실히 꿰뚫고 있었다. 그래서 어느 순간에도 자만심을 앞세워 감정을 부리기보다 자존심을 내세워 자신의 삶을 주도적으로 이끌어 가면 자신이 원하는 것을 쉽게 얻어가는 재미를 누리고 있었다.

나매력은 쉽지 않은 어린 시절을 보냈다. 아버지는 회사생활을 짧게 하고 치킨가게를 시작했지만 몇 년 못 가서 가게를 접어야 했다. 그 후로 여러 가지 사업을 벌였지만 번번이 고배를 마시며 집안이 기울기 시작했다. 아버지가 실의에 차서 술에 빠지는 바람에 집안 분위기는 어두웠지만 나매력은 결코 기죽지 않았다.

"누가 뭐래도 난 잘 될 사람이야!"

나매력은 한번도 가정형편을 비관하지 않았다. 항상 밝은 얼굴로 쾌활한 표정으로 교우관계를 유지했고, 어디서든 자신감 있는 행동을 자신의 가치를 높게 드러냈다. 누구보다도 그의 곁에는 어머니가 있었다.

"아들아, 엄마는 아들이 어떤 삶을 살아도 끝까지 응원할 거야. 무슨 일이 있어도 열심히 해봐. 엄마는 자존이가 성공할 거라는 확신이 있어. 알았지?"

어머니는 힘든 환경 속에서도 아들에게 항상 이런 말로 자존감을 높여주고 있었다. 어려서부터 자신을 격려하고 믿어주는 어머니가 있다는 것은 정말 큰 힘이었다.

"나매력, 너 지금 뭐하는 거야?"

"선생님, 말씀대로 했더니 이렇게 됐습니다."

나매력은 학교에서도 금방 두각을 드러냈다. 공부를 잘하지는 않았지만 선생님이 뭐라고 한 마디 하면 얼른 그 말에 따르려고 노력을 했다. 설사 안 되더라도 금방 밝은 표정으로 웃으며 긍정적인 마인드를 보여줬다.

"그래, 그렇게만 살아라. 너 같은 성격이면 세상 어디를 가든 인정 받으며 살 거야."

나매력은 친구들과 어울리는 것을 좋아했다. 수업시간이 조금이라도 지루하면 장난을 쳤고, 선생님한테 걸려서 혼나더라도 금방 밝은 표정으로 받아 들였다.

담임선생님은 나매력이 사고를 칠 때마다 혼을 내기는 했지만 곧 악의없는 표정을 보고 친구들 앞에서 공개적으로 칭찬을 했다.

"공부 잘하는 것도 좋지만 매력이처럼 항상 긍정적인 마음으로 사는 것도 중요한 거야. 두고 봐라. 이 놈은 나중에 크게 될 놈이야."

선생님 중에는 나매력의 학생부에 주위가 산만하다는 평가를 쓴 분들도 많았지만, 항상 긍정적인 태도로 미소를 짓는 모습을 보고 용기를 주는 분들도 많았다.

나매력의 가장 큰 장점은 누군가에게 피드백을 받으면 얼른 받아들이는 것이다. 설사 뒤돌아 선 다음에 까먹는 한이 있더라도 그 앞에서는 얼른 수긍하고 자신이 부족한 부분을 채우려 노력했다.

"예, 감사합니다. 꼭 그대로 실천하겠습니다."

나매력이 누군가의 피드백을 금방 받아 들일 수 있었던 가장 큰 힘은 자존감이 높았기 때문이다. 누가 뭐라고 해도 그 말에 걸릴 것이 없기 때문에 마냥 긍정적으로 받아 들일 수 있었던 것이다.

왜 나매력이어야 하는가?

"나는 매일 인간의 내면세계와 만나면서 한 가지 사실을 발견했다. '자존감이 무너지면 마음이 병든다' 는 것이다. 반대로 자존감이 회복되면 마음이 건강해진다. 따라서 나의 치료기법의 비밀도 분명하다. 바로 자존감의 회복이다."   -이무석의 '자존감' 중에서

사전은 '자신을 존중하고 사랑하는 마음' 을 자존감이라고 정의하고 있다. 이 말과 정신분석가 이무석 씨의 말을 합치면 '자신을

존중하고 사랑하는 마음이 무너지면 마음의 병이 든다' 는 것이다. 따라서 현실 속에서 마음의 병이 들지 않게 하려면 '자신을 존중하고 사랑하는 마음' 을 올바로 실현할 수 있어야 한다.

나매력은 객관적으로 행복하지 않을 수 있는 상황이지만, 자신 앞에 놓여진 인생의 장애물들을 잘 이겨냈다. 나매력이 성공할 수 있었던 핵심은 환경이 아니라 자신의 삶을 바라보는 관점이었다.

그런데 우리의 현실은 어떤가? 환경이 좋아도 '자신을 존중하고 사랑하는 마음' 이 부족한 사람들이 넘치고 있다. 삶의 본래목적을 놓치고 현실에 쫓기다 보니 끝내는 자신을 놓치고 살기 때문에 빚어지는 현상이다.

안매력은 부유한 집에서 태어났다. 남부러울 것 없는 부모님과 누나가 있다. 안매력은 착한 천성으로 열심히 공부해서 성적은 항상 상위권에 들었다. 하지만 그는 어릴 적부터 주변 사람들과 비교하는 부모님 밑에서 많은 스트레스를 받아왔다. 자신보다 성적이 뛰어난 친구를 보면 왠지 모를 질투심이 일었다. 타고난 운동 능력이 없었던 안매력은 운동을 잘하는 친구들을 보며 부러워하기 일쑤였다.

'난 왜 이렇게 능력이 없을까?'

자신에게 실망하는 일만 늘어갔다. 그렇다고 안매력에게 장점이 없었던 것은 아니다. 꼼꼼한 성격에 한번 집중하면 6~7시간이 지나도 모를 정도로 몰입하고, 어떤 문제에 대해 분석하고 기억해내는 타고난 능력이 있었다. 그 덕분에 성적이 좋아 소위 말하는 일류대학교에 진학했고, 무난히 대기업에 취직도 했다.

하지만 남과 비교하던 버릇에 빠져 한번도 행복한 적이 없었다. 회사생활도 학창시절처럼 오로지 자기 일에만 몰입하는 경향이 강했다. 그러다 보니 주변에 사람이 많지 않았고, 어느 날 야근을 마치고 집으로 돌아오는 길에 자신을 보고 스스로 한탄을 했다.

"나 언제까지 이렇게 살아야 하니? 도저히 더 이상 못 버티겠어…"

자존감이 높으면 자신의 삶의 책임을 갖고 어떤 난관도 쉽게 극복할 수 있지만, 그렇지 않으면 온실의 화초처럼 한순간 짧게 불어닥친 추위에도 금방 얼어붙어 좌절하거나 절망 속에 살 수 있다.

선택은 자신에게 달려 있다. 현실에서는 자존감이 낮은 이에게 기회조차 주지 않는다.

예전에는 자존감이 낮더라도 착한 사람으로 인정받아 자신의 능력을 발휘할 기회를 제공받았지만, 요즘은 자존감이 낮으면 그 누구의 관심도 받지 못하고 그냥 그림자처럼 사라질 뿐이다.

특히 직장에서는 그 정도가 더욱 심하다. 평생 직장 개념이 사라지면서 예전에는 묵묵히 자리만 지키는 것으로 자리를 보전하기가 힘들다. 어느 한 순간 경쟁에서 밀려나면 냉정한 실업자의 세계로 떨어질 수밖에 없다.

세계화 시대에 살아남기 위해서라도 누구 못지않게 먼저 자기 자신을 존중하고 사랑하는 마음으로 무장해야 한다. 스스로 자신의 인생을 책임지고 당당하게 세상을 헤쳐 나가는 지혜를 갖춰야 한다.

필자는 그동안 자신의 삶을 주도적으로 살아온 사람들은 공통적으로 자존감이 높다는 것을 알았다. 자존감이 높은 사람은 어떤 자리에 놓이더라도 자신이 잘할 수 있는 능력을 최대한 발휘해 사랑을 받는다.

그래서 오늘도 강의 현장에서 목소리를 높이고 있다.

"성공하고 싶으면 먼저 자존매력으로 무장을 하세요. 지금부터는 자존매력이 성공의 키포인트가 될 것입니다."

나매력의 매력 포인트

하늘에서 지상에 내려갈 사람들에게 부모를 선택할 기회를 주었다고 한다.

"안매력아, 이제 세상으로 나갈 시간이 되었다. 선물로 부모님을 줄 터이니 행복하게 살아라."

"하느님, 잠깐만요!"

안매력은 얼른 하느님의 말을 가로막고 자신의 소망을 밝혔다고 한다.

"하느님, 저의 부모님이 되실 분은 연봉이 1억 이상 됐으면 합니다. 전 나중에 유학도 가고 박사 과정도 해야 하니 재정적으로 여유가 있는 분들이 되셔야 합니다. 그리고 외모도 중요하니 이왕이면 유전자가 좋은 부모님을 주셨으면 합니다. 아버지 키는 180 이상이

25

고, 어머니는 전형적인 미인상이었으면 합니다.

"……?"

하느님은 안매력이 워낙 간절히 비는 마음을 헤아려서 그의 소원을 들어 주었다. 부자집안에 키가 큰 아버지와 예쁜 어머니의 아들로 태어나게 했다. 그런데 가장 중요한 것은 그 속에서 자신이 어떤 마음을 갖고 살아야 하는지를 빌지 못해서 매사에 불만만 터트리며 사는 마음을 갖고 태어났다.

물론 우스갯소리지만 과연 이 주인공이 행복했을까?

모든 것이 욕심대로 이뤄진다면 모를 일이다. 하지만 세상은 욕심대로 이루며 사는 사람은 없다. 그때부터 불행이 시작되는 것이다.

중요한 것은 하느님이 준 많은 것 중에 어디에 초점을 맞춰 살아가느냐는 것이다. 조금이라도 좋은 곳에 초점을 맞추느냐, 부족한 것에 초점을 맞추느냐에 따라 그 사람의 운명이 완전히 달라진다.

다음은 로젠버그라는 심리학 박사가 개발한 자존감 테스트 항목이다. 일반적으로 많은 사람들이 자존감 테스트로 활용하는 문항에 집중해볼 필요가 있다.

자아존중감 검사지

아래의 문항들은 '여러분이 자신을 어떻게 보느냐' 하는 자신에 대한 생각을 나타내는 문항입니다. 여러분의 생각을 잘 나타내주는 하나를 택하여 O표를 하시면 됩니다.

1. 나는 내가 다른 사람들만큼 가치 있는 사람이라고 생각한다
2. 나는 좋은 성품을 많이 갖고 있다고 생각한다
3. 대체로 나는 실패한 사람이라는 느낌을 쉽게 갖는다
4. 나는 다른 사람들처럼 일을 잘 할 수 있다
5. 나는 자랑할 것이 별로 없다
6. 나는 내 자신에 대하여 긍정적인 태도를 가지고 있다
7. 나는 내 자신에 대해 대체로 만족한다
8. 나는 내 자신을 좀더 존경할 수 있으면 좋겠다
9. 나는 가끔 내가 쓸모없는 사람이라는 느낌이 든다
10. 나는 때때로 내가 좋지 않은 사람이라고 생각한다

설문지 문항의 공통점이 보이는가?

이 설문지의 문항을 보면 어느 것 하나 객관적인 답을 요구하는 것이 없다. 모든 것이 다 주관적일 수밖에 없다. 모든 문항이 다 물질적인 면에 있는 것이 아니라 정신적인 면에 있다. 즉 자존감은 결코 물질에서 찾을 수 없다는 것을 보여준다.

우리는 수많은 사람과 관계를 맺으며 살아간다. 그 중에 많은 사람으로부터 사랑을 받는 사람과 미움을 받는 사람이 따로 있다. 여기에서도 부익부 빈익빈 현상이 적용된다. 많은 사람의 사랑을 받는 사람은 계속 사랑을 받을 행동을 하고, 미움을 받은 사람은 더더욱 미움을 받을 수밖에 없는 행동을 하고 있다.

"넌 그것도 못하냐?"

직장생활을 하다 보면 일처리를 못하는 부하 직원에서 이처럼 말할 때가 있다. 잘못을 지적하는 사람의 태도를 문제 삼는다면 할 말이 없다. 여기에서는 잘못을 지적 받았을 때 그것을 받아 들이는 부하직원의 마음가짐을 살펴보려는 것이다.

여러분이라면 이런 말을 들었을 때 어떤 반응을 보이는 부하 직원에게 더욱 애정이 가겠는가?

많은 사람들이 이런 지적을 받으면 자존심이 상해서 더 이상 듣고 싶지 않다는 생각을 한다. 상사 입장에서는 뭔가 잘못된 것을 지적해 주고 싶어도 받아 들이는 사람이 기분나쁜 표정을 지으면 더 화가 나기 마련이다. 더구나 상사는 아쉬울 것도 없다. 잘못을 지적하는데 인상까지 쓰면 미련없이 다른 부하직원을 찾으면 그만이다.

하지만 이때 잘못을 지적하는 상사의 말을 얼른 받아들이는 마음을 갖는다면 어떤 일이 벌어질까?

"제가 아직 일이 서툴러서 그렇습니다. 어떤 부분이 잘못됐는지 가르쳐 주시면 바로 시정해 오겠습니다."

상사가 뭐라고 하든 밝은 표정으로 얼른 잘못을 받아 들이고 조금이라도 배우려는 자세를 보인다면?

나매력의 매력은 여기에서 빛을 발한다. 일반적으로 누군가의 잘못을 지적 받았을 때 감정부터 부리는 사람은 자존감이 낮은 사람이다.

사람은 심리적으로 자신보다 못난 사람이 더 나은 척할 때 자존감이 상하기보다 오히려 연민의 정을 느끼기 마련이다.

"공부도 못하는 것들이 놀지도 못한다."

똑같은 말이라도 공부 잘하는 아이들이 이런 말을 들을 때는 그냥 웃어 넘기는 경우가 많다. 그런데 진짜로 공부 못하는 아이들이 이런 말을 들으면 자존심 상한다며 화를 내는 경우가 많다. 그만큼 자신이 갖지 못한 것에 대한 열등감으로 정곡을 찔렸다는 생각에 화를 낼 수밖에 없는 것이다.

자존감이 높은 사람은 상대의 말에 쉽게 화를 내거나 감정을 부리지 않는다. 상사가 모르는 것을 지적하면 따라 배우면 되고, 잘못한 것을 지적하면 새로 배워서 수정해 나가면 된다는 마인드가 더 강하다.

그러다 보니 표정은 항상 밝을 수밖에 없고, 상대의 말에 부정적인 반응보다 긍정적인 반응을 보이는데 익숙할 수밖에 없다.

이것이 바로 나매력의 매력이다.

우리는 의지와 관계없이 정해진 부모님한테 태어났다. 어떤 사람은 부유한 부모님께, 어떤 사람은 그저 그런 집안에, 또 어떤 사람은

29

어려운 가정에, 심지어 태어나자마자 고아가 되는 경우도 있다.

나라도 마찬가지다. 우리가 태어나고 싶은 곳에 태어난 것이 아니라 스스로 인생을 설계해 나가야 할 환경에 태어난 것이다. 부유한 나라에 태어났거나 빈곤국에 태어났거나, 내전이 일어나 언제 죽을지 모르는 곳에 태어났거나 자신이 환경에 맞춰 인생을 설계해 나가야 한다.

세상에는 우리가 노력으로 바꿀 수 있는 게 있고, 그 어떤 노력으로도 바꿀 수 없는 것이 있다. 현명한 사람은 노력으로 바꿀 수 있는 것에 집중하고, 우매한 사람은 바꿀 수 없는 것에 연연해 하는 경우가 많다.

나매력은 자신이 바꿀 수 있는 것에 집중하며 그것에 에너지를 쏟으며 사는 현명한 사람이다. 따라서 언제나 활기가 넘치고 에너지가 충만해서 주변 사람들까지 생기를 느끼게 만들어 준다.

이것이 또한 나매력의 매력이다.

어떻게 자존감을 키워갈 것인가?

고등학교 때 필자는 웃기는 재능은 있었는데 안타깝게도 그 재능을 수업시간에 친구와 떠드는데 썼다. 그러다 보니 늘 수업분위기를 흐리는 주범으로 선생님들께 많은 미움을 받았다.

그 중에 특히 화학 선생님이 더욱 그랬다. 그날도 친구를 웃기겠다는 마음으로 말을 걸었고 선생님은 참다못해 몽둥이를 들고 다가

왔다. 전에도 늘 있었던 일이다.

'10대만 맞고 다시 떠들자.'

이런 생각에 빠져 있으니 선생님이 전혀 무섭지 않았다. 그런데 그날의 선생님은 달랐다.

"애들아, 평소엔 성훈이를 많이 때렸지만 오늘은 차마 때리지 못하겠다. 대신 이 한 마디는 꼭 하고 싶다. 성훈이가 참 많이 떠들며 속을 썩이긴 하지만 선생님이 살아보니 나중엔 이런 애들이 잘 되더라…"

그 한 마디는 엄청난 충격이었다. 갑자기 화면이 정지되면서 잊지 못할 인생의 한 장면을 장식했다. 선생님은 주의가 산만한 단점보다 혼나면서도 항상 밝고 긍정적인 에너지를 뿜는 강점을 인정해주는 관점으로 필자를 대해주신 것이다.

"난 누가 뭐래도 잘 될 사람이구나."

그 순간 필자의 자존감은 매우 높아졌다. 그 정지된 화면이 오늘의 필자를 있게 만들었다.

필자는 학창시절에 선생님께 칭찬을 들은 적이 많지 않다. 그런데 어느 순간 선생님께서 그냥 하신 말일지 모르지만 칭찬이라는 긍정적인 말에 민감하게 반응을 했다. 그것으로 강점을 찾기 시작했고, 그 속에서 비전을 보기 시작한 것이다.

어떻게 자존감을 키워갈 것인가?

첫째. 긍정적 신호에 민감하게 반응하는 것이다. 긍정적 신호란

나에게 힘을 주는 모든 언어와 비언어적 신호들을 말한다. 민감하게 반응하는 것은 후천적 훈련으로 얼마든지 개선할 수 있다.

긍정적 신호에 민감하게 반응했으면 3주만이라도 집중해 보자. 3주, 즉 21일은 습관을 만들 수 있는 시간이다. 21일만이라도 집중하다 보면 자신도 모르게 새로운 습관에 빠져드는 자신을 보게 될 것이다.

둘째. 자신만의 신념을 만들고 그것에 힘을 쏟는 시간을 정기적으로 가져 보자. 다음은 필자가 스스로 자존감 높은 삶을 살기 위해 정한 신념들이다.

1. 난 남에게 도움을 줄 때 행복한 사람이다.
2. 나만의 이익을 쫓지 않는다.
3. 매일 기도한다.
4. 나의 기준들이 넘어졌을 때 빨리 다시 시작한다.

필자는 항상 이렇게 적어 놓은 신념을 떠올리며 기억하는 시간을 갖고 있다. 매일….

이런 시간은 필자의 자존감을 높여주고 있다.

"사람은 누구나 보편적인 사람보다 잘할 수 있는 강점을 갖고 태어난다고 생각하면 O, 아니면 X로 머리 위에 표해주세요."

필자가 강의에서 많이 사용하는 강점찾기 기법이다. O이라고 하는 사람이 많을까, X라고 하는 사람이 많을까?

간혹 X를 선택한 사람에게 물어 볼 때가 있다.

"왜 X라고 생각합니까?"

"강점은 후천적인 환경으로 길러지는 것이라 생각하기 때문입니다."

대개 이렇게 대답하는 사람이 많다. 물론 일리있는 말이기도 한다. 강점을 발휘하는 사람들을 보면 후천적인 환경의 요인을 무시할 수 없기 때문이다.

하지만 대다수의 사람은 O를 선택하면서 강점은 타고난다고 생각한다. 이때 필자는 또 한번 질문을 던진다.

"O라고 한 분들에게 물어보겠습니다. 타고난 강점이 있다고 믿는다면 얼마만큼 강점을 알고 개발하는 삶을 살고 있습니까? O와 X로 표현해 주세요."

아쉽게도 이 질문에는 많은 분들이 X를 택한다. 많은 이들이 타고난 강점은 인정하지만 정작 자신의 강점을 알지도 못하며 그것을 개발하는 삶과 먼 삶을 살고 있기 때문이다.

"사람이 행복해지는 유일한 길은 자신의 강점을 알고 개발하는 삶이다."

-마틴 셀리그만 '긍정심리학' 중에서

　　사실 강점을 개발한다는 말이 너무 추상적이다. 그래서 필자는
이 말을 이렇게 좀더 구체적으로 바꿔보았다.
　　"사람이 행복해지는 유일한 길은 자신의 강점을 알고 개발하기
위해 자존감을 높여가는 삶이다."
　　그렇다. 강점을 찾기 위해서는 먼저 나매력과 함께 할 줄 알아야
한다. 그렇게 자존감을 챙겼으면 이제 그것을 바탕으로 자신의 강
점을 찾기 위해 구체적인 방법을 실천해 봐야 한다.

"모든 사람은 자신만의 독특한 재능을 갖고 있으며 그것은 결코 변하
지 않는다."

"모든 사람의 가장 큰 성장 가능성은 그들이 가진 강점에 있다."

-마커스 버킹엄의 '위대한 나의 발견/강점혁명' 중에서

사람이 모든 것을 잘하려고 노력하는 것보다 자신이 잘할 수 있는 타고난 강점 몇 가지를 더욱 더 잘하게 만드는 것이 성공하는 비결이라고 주장하는 학자들이 많다.

그러면 어떻게 나 자신의 강점을 찾을 수 있는가?

첫째. 내가 보는 나의 강점이다.

나보다 나 자신을 잘 알고 있는 사람은 많지 않다. 그동안 살면서 많은 경험을 했고, 그 경험 안에는 긍정적인 사건과 부정적인 사건이 있다. 그렇게 자라면서 자연스럽게 몇 가지 정도는 내가 남들 보다 잘 할 수 있는 것들을 알게 된다. 사람에 따라서 적게는 5개, 많게는 20개 이상 자신이 바라보는 자신의 강점을 쓸 수 있다.

그런데 이 정도로만 자신의 강점을 파악하는 것은 누구나 다 할 수 있는 것이다. 좀 더 깊이 강점을 파악하기 위해서는 한 가지를 더 살필 필요가 있다. 그것은 자신의 경험을 통해 나의 강점을 찾는 것이다.

"강사님, 전 정말 평범하게 살아 왔는데요. 그냥 학교 다니고 남들처럼 가끔 여행 가고 그 정도예요."

간혹 자신은 특별한 경험이 없다며 이렇게 말하는 교육생이 있다. 다른 사람이라고 모두 독특한 경험을 하며 사는 것은 아니다. 중요한 것은 남들과 비슷한 삶을 살았다고 그들과 똑같이 느끼고 생각하는 것은 아니라는 것을 알아야 한다. 아무리 똑같은 영화를 봐도 사람마다 느끼는 게 다르다. 똑같은 곳을 여행하고 똑같은 사람을 만나도 사람마다 보고 느끼고 생각하는 것이 다르다. 경험은 저마다 특수성을 갖는 것이다.

그 경험을 통해 자신의 강점을 찾는 것은 어렵지 않다. 먼저 자신의 과거로 여행을 떠나보자. 태어났을 때부터 지금까지의 기억들을 파노라마처럼 훑고 지나가면서 한 번씩 멈춰보자.

언제?

내가 가장 빛났던 순간에서 잠깐 멈춰라. 달리 말하면 본인이 진짜 원하는 자신의 모습에 가장 가깝게 행동했던 그때 멈추라는 것이다. 그곳에 강점을 찾는 단서가 있다.

군대 전역 후 미래를 향한 뭔가 움직임이 필요했다. 전공공부를 열심히 했지만 그것만으로는 뭔가 부족했다. 그때 나는 기도하며 하나님께 미래를 묻기로 결심하고 실천하기 가장 어려운 새벽 예배를 나가기로 했다. 혼자 갈 수도 있지만 더 큰 힘을 발휘해보고자 6~7명의 또래 청년들에게 함께 하자고 제안했다. 야행성 삶을 즐겼던 청년들은 쉽게 응하지 않았다. 하지만 포기하지 않고 아버지 차를 빌려 새벽 4시에 청년들의 집을 돌기 시작했다. 처음에 1~2명으로 시작한 새벽 예배프로젝트는 나중에 모든 이들이 참여하게 되었다.

필자는 이런 경험을 통해 가치 있다고 생각하는 일들은 소중하게 여기는 사람들과 함께 할 때 강력한 에너지를 뿜어내는 강점이 있다고 확신했다. 그리고 그 속에서 모든 이들을 하나로 연결시키는 친화력이 있다는 것을 알았고, 끈질기게 설득하는 힘이 있다는 것도 알았고, 모든 이들을 하나의 힘으로 이끌어 가는 리더십이 있다는 것도 알았다.

강점을 찾고 싶다면 여러분도 이처럼 자신이 과거에 가장 나다운 모습을 떠올려 그 사건을 강점으로 연결 해 보는 것이 중요하다.

둘째. 남에게 보여지는 나의 강점이다.

사람은 누구나 살면서 다른 사람들에게 자신의 모습을 노출하고 산다. 외모뿐만 아니라 내면의 모습들도 자연스럽게 노출이 된다. 내 주위 사람들은 나의 강점들을 알고 있다. 깊이의 차이는 있지만 그들은 그것을 잘 알고 있다. 남에게 보여지는 강점도 두 가지로 나눈다.

1. 친밀한 관계가 보는 나의 강점

부모님, 초등학교 때부터 친하게 지내온 친구, 10년 넘게 수많은 이야기를 나눈 직장 동료 등. 어쩌면 나보다 나를 더 잘 알 것 같은 친밀한 관계의 사람이 보는 강점을 찾는 것이 중요하다. 지금 이 순간 가장 친밀한 사람 3명을 꼽아서 문자를 보내보자.

"00야, 내가 다른 사람보다 잘할 수 있는 나만의 타고난 강점
이 무엇인 것 같아?"

필자는 교육 중에 모바일을 이용해 교육생들에게 이런 문자를 보내게 한다. 그리고 그 순간 답장을 받고 많은 사람들이 강점을 찾는

것을 목격하곤 한다. 여러분도 지금 당장 친밀한 관계에게 물어보았으면 한다.

2. 짧은 시간 관계를 맺은 사람이 보는 나의 강점

필자는 강연장에서 교육생들에게 수없이 물어 본다.

"지금 저와 1시간 정도를 함께 하셨는데 저의 어떤 강점이 보이세요?"

대부분의 교육생들은 이렇게 말한다.

"말재주가 좋으세요."

"웃는 모습이 우리 마음까지 밝게 만들어 줘요."

"열정적이에요."

필자는 그것을 나의 강점으로 여기고 그 강점을 살리기 위해 노력한다.

기브앤 테이크, 교육생에게 받은 만큼 필자도 되돌려 준다. 1시간을 들어준 교육생들의 강점이 보이는 대로 말해주는 것이다.

열정적인 교육생, 차분하게 다른 사람의 이야기를 잘 들어주는 교육생 등 잠깐 본 사이라도 금방 강점이 노출되어 있다.

면접은 바로 짧은 시간 관계를 맺는 타인에게 보여지는 강점이 결정적인 영향력을 끼치는 시험이다. 그런데 이 사실을 이해하지 못하고 면접에서 미끄러져 면접관을 원망하는 학생이 있다.

"어떻게 나를 5분 정도 보고서 이렇게 평가할 수 있어. 억울해!"

학생 입장에서는 억울할 수 있지만 어쩔 수 없다. 세상은 잠깐 보여지는 순간에 자신의 강점과 단점으로 평가받는 세상이다.

필자는 교육생들에게 이런 경험을 실제로 체험하게 해준다. 교육장 안에서 새로 만난 9명의 사람들에게 나의 강점이미지를 적어달라고 한다. 수집이 끝나면 많은 학생들이 적어 준 나의 강점이미지들 중 가장 반복적인 1~2가지를 골라서 자신의 모습과 연결시키는 작업을 한다.

이렇게 내가 보는 나와 남에게 보여지는 나의 강점들을 직접 발견하는 경험은 인생에서 정말 중요한 작업이다.

TIP. 강점을 찾는 방법

첫째. 내가 보는 나의 강점

둘째. 남에게 보여지는 강점

  1. 친밀한 사람에게 보여지는 강점

  2. 짧은 시간 관계 맺은 사람에게
     보여지는 강점

나매력이 되려면 비교하지 말라

자존감을 떨어뜨리고 자신을 부정적인 나락으로 떨어뜨리는 주범 중에 가장 무서운 녀석이 바로 비교라는 적이다.

비교를 속임수라 본다. 그렇다. 비교라는 녀석은 끊임없이 우리를 속이려 든다. 분명히 할 수 있는 일도 할 수 없을 것이라고 바꿔 생각하게 만들고, 소중한 나의 모습을 가치 없는 모습으로 속게 만들어 버린다. 무엇보다 소중한 시간을 아무것도 하지 못한 채 흘려 보내게 만드는 무시무시한 악영향을 끼친다.

또한 비교는 나를 자극해서 발전하게 만드는 동기부여의 요소이기에 인생에서 떨어지지 않는다. 문제는 좋은 생각을 먹었을 때 동기부여가 되지만 잠깐이라도 자신을 놓쳤을 때는 부정적인 사고의 늪으로 떨어뜨리는 원수가 된다. 따라서 나매력이 되기 위해서는 비교라는 녀석을 잘 다뤄야 한다.

중학교 때의 일이다. 수업을 마치고 혼자 집으로 가고 있는데 뒤에서 옆반 여자 아이 셋이 수다를 떨여 내 곁으로 다가왔다. 그 목소리가 워낙 커서 내 귀에도 들리고 말았다.

"어머, 쟤 종아리 좀 봐. 닭다리야."

"닭다리? 맞아. 까르르."

그 말을 듣고 처음으로 종아리를 본 필자는 근육이 심하게 돌출되어 있는 모습을 보았다. 이후로 대학생이 될 때까지 한여름에도 반바지를 입지 못했다. 어쩌다 반바지라도 입고 나가려면 "쟤 종아

리 좀 봐. 닭다리야.", "어머? 정말 싫다!!"라는 소리가 들리는 것
만 같았다.

지금 생각해 보면 정말 우스운 일이다. 정작 남의 종아리에 관심
을 갖는 이가 얼마나 되었을까? 세상 사람들은 남에게 크게 관심을
갖지 않는다. 필자가 반바지를 입고 다닌다 하더라도 큰 관심을 갖
지 않았을 것이다. 그런데 한 순간 안 좋은 기억이 나를 스스로 위축
되게 만들어 반바지를 입지 못하게 만든 것이다.

오랜 시간이 지나 20대 초반에 헬스장에서 운동을 하고 있을 때
한 남자가 말을 걸었다.

"그 종아리 근육은 어떻게 만든 거예요?"

분명 부러움에 가까운 질문이었다. 그 말을 듣고 한참 생각에 빠
졌다.

'아, 어떻게 보느냐에 따라 이 다리도 부러운 다리가 될 수 있구
나.'

그 경험을 통해 한때나마 종아리를 부끄러워했던 기억이 새로웠
다. 지금은 자신있게 반바지를 입고 다니는 근육질의 다리가 오히
려 자랑스럽다. 당연히 종아리를 가지고 남들과 비교하는 일도 없
어졌다.

비교는 사람들의 행복지수도 낮게 만드는 것으로 알려졌다. 우리
나라가 경제소득은 높지만 우리보다 훨씬 가난한 나라의 국민들보다
행복지수가 낮게 나타나는 이유 중에 하나가 바로 비교에 있다는 것

이다. 남과 비교하는 마음은 자신의 자존감뿐만 아니라 삶의 궁극적인 행복지수까지 낮에 만든다는 것에 주의를 기울일 필요가 있다.

굳이 비교를 해서 독이 아닌 약으로 활용하려면 패러다임을 바꿔야 한다. 지금부터 시작해 보자.

남과 나를 대상으로 비교하는 것이 아니라 자신의 과거의 현재, 또는 미래와 비교하는 것이다. 과거의 나와 지금의 나를 비교하고 성장한 부분에 대해 박수를 치자. 정체 중이라고 생각하면 자극을 받아 다시 시작하면 된다. 퇴보했다고 생각하면 스스로 채찍을 들고 다시 시작하면 된다.

인생은 누가 대신 살아 줄 수 없다. 따라서 그 누구의 인생과도 비교할 수가 없다. 길이 다르고 기준이 다른데 어떻게 비교할 수 있단 말인가? 오직 남의 길을 찾아, 나만의 강점을 찾아 앞으로 나가면 된다.

요즘은 강의를 통해 많은 사람을 만나서 행복하다. 강의는 누군가를 가르친다는 의미보다 스스로 배워나가는 것이 더 많다는 것을 잘 안다.

특히 강점찾기 교육을 할 때마다 많은 것을 배운다. 그 중에 하나는 아무리 잘나 보이는 사람도 깊이 파고 들면 저마다 자신의 약점 때문에 두려운 마음을 갖고 있다는 것을 알게 된 것이다.

사람은 자신의 강점보다 약점에 많이 집착한다. 그러다 보니 말과 행동이 위축되고 자존감도 낮아지는 것이다. 자신의 약점에 집착하며 낮은 자존감을 보이는 마음 속에는 남과 비교하는 마음이 또아리를 틀고 있다. 자신이 못하는 부분을 다른 사람이 멋지게 해낼 때 그 사람을 부러워하며, '난 왜 저런 걸 타고 나지 못했을까?' 하는 마음으로 빠져들게 만드는 것이다.

비교는 한 사람의 성장을 가로 막는 참 무서운 놈이다. 자신의 강점도 비교하기 시작하면 한없이 초라하게 떨어진다. 따라서 자존감을 높이고 싶다면 무엇보다 먼저 비교하는 마음을 내려 놓아야 한다.

신이 우리에게 행복을 추구하기 위해 허락한 비교영역은 자신뿐이다. 과거의 자신과 지금의 자신을 비교하며 묵묵히 앞으로 나가는 것이다. 살펴보면 분명히 과거의 자신보다 더 나아진 현재의 모습이 보인다. 그렇게 조금씩 좋아져 온 자신을 믿고 스스로 지지해 줄 때 자존감은 높아지고 강점은 쉽게 눈앞에 나타날 것이다.

못다한 자존매력 이야기

필자는 강사다. 또한 1명의 연구원과 여러 명의 파트너 강사와 동업 관계를 맺고 있다. 연구원은 공대 출신이지만 기업교육에서 두드러진 강점을 보인다. 공대와 강사는 관계가 없는 것 같지만 강의안을 구성하거나 기업교육 커리큘럼을 구조화하는 능력이 뛰어난 것을 보면 전혀 관계가 없는 것은 아니다. 이것은 이 친구의 타고난 강점이다.

사실 개인의 강점은 눈에 잘 드러나지 않는 경우가 많다. 그나마 운동이나 예술적인 부분은 결과물이 앞에 보이기 때문에 금방 눈에 띄지만 그밖의 강점은 쉽게 찾기가 어렵다. 사람이 타고난 능력을 제대로 발휘한 사람은 그리 많지 않다. 어쩌면 자신에게 그런 능력이 있는지도 모르고 한생을 살다 가는 경우가 많다.

일차적으로는 환경을 원인으로 들 수 있다. 생각해 보자. 산골에 태어난 아이에게 컴퓨터를 다루는 타고난 능력이 있을지 어찌 알겠는가? 그들은 컴퓨터를 접해볼 기회가 없기에 자신에게 그런 능력이 있는지 알 방법도 없다. 하지만 환경에 맞게 자신의 강점을 발휘해 나가면 되기 때문에 이들은 또 나름대로 위안을 삼을 수 있다.

문제는 이차적인 의식이 원인으로 작용할 때다. 이들에게는 남들처럼 뭐든지 시도해 볼 환경은 갖춰져 있다. 컴퓨터는 말할 것도 없고 최신식 교육환경이 갖춰져 있다. 마음만 먹으면 얼마든지 자신의 강점을 찾을 수 있다. 그런데 자신도 모르게 새긴 의식 때문에 강점이 있음에도 발휘할 길이 없는 것이다.

'난 안 돼.'

'저건 나하고 상관없어.'

무슨 일을 시도하기도 전에 이런 의식이 먼저 앞을 가리기 때문에 뛰어난 환경이 갖춰져 있음에도 자신이 무슨 강점을 갖고 있는지 찾지 못하는 것이다.

이런 의식의 밑바닥에 자리잡고 있는 것이 바로 자존감이다. 자존감이 높은 사람은 새로운 시도를 수없이 해보며 실패경험마저 강점을 찾아가는 힘으로 활용하지만, 자존감이 낮은 사람은 애초에 시도를 하지 못하기 때문에 강점이 있는지 확인할 방법조차 없는 것이다.

우리 연구원이 공대출신이라는 이유로 '강의는 나하고 관계 없어.' 라는 의식을 버리지 못했다면 지금의 그도 없었을 것이다. 필자와 함께 이 일을 시도하지 않았으면 평생 자신에게 그런 강점이 있는지조차 몰랐을 것이다.

시간과 에너지는 누구에게나 공평하게 주어진다. 하지만 어떤 사람은 강점을 개발하는데 쓰고, 어떤 사람은 약점을 보완하는데 쓴다.

어느 쪽이 더 많은 시간과 에너지를 필요로 할까?

약점을 보완한다는 것은 먼저 약점을 찾는데 에너지를 써야 하고 그 약점을 보완하는 에너지를 또 써야 한다. 두 배의 에너지를 써야 하기 때문에 그만큼 많은 시간을 필요로 한다.

하지만 강점을 개발하는 것은 바로 강점만 찾으면 바로 에너지로 활용할 수 있다. 그만큼 써야 할 에너지와 시간이 절약된다.

그 강점을 개발하는데 가장 중요한 에너지원이 바로 자존감이다. 우리가 자존매력을 강조하는 이유도 여기에 있다. 강점을 찾고 싶다면 지금부터라도 당장 자신의 자존감을 챙겨볼 일이다.

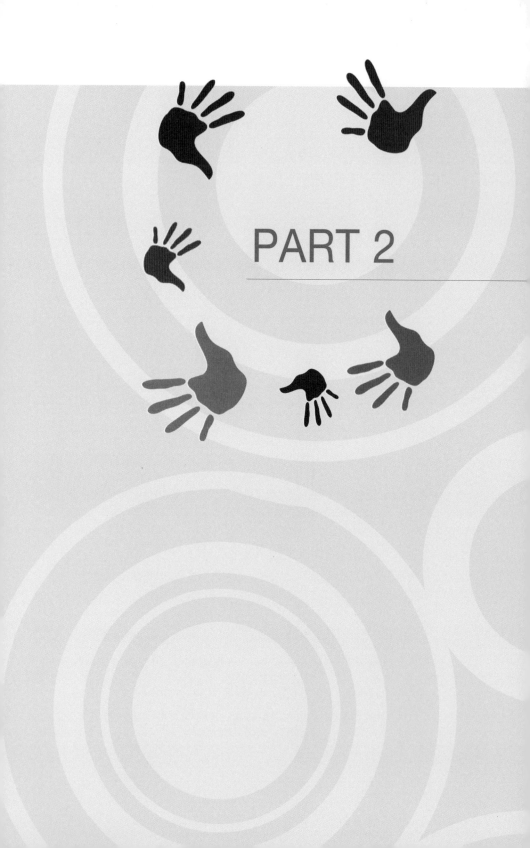

PART 2

유머매력 感을 잡아라

"행복하기 때문에 긍정적인 기분이 일어나는 것이 아니라

유머를 즐기는 습관 때문에 긍정적인 기분이 일어나고

긍정적인 기분이 일어나기 때문에 행복한 것이다."

유머매력

感을 잡아라

유머는 긍정적 기분과 창의력의 특효약이다

"하하하, 호호호, 깔깔깔."

회사 휴게실에서 점심시간 들려오는 소리다.

나매력부장이 오늘의 유머를 한다.

"사오정이 화장실을 다녀왔어. 사오정은 항상 화장실에 다녀오면 손을 씻었는데 오늘은 웬일인지 손을 안 씻었어. 그 모습을 보고 영구가 물었지. "

"오정아? 오늘은 왜 화장실에 갔다 와서 손을 안 씻었어?"

"사오정이 씨익 웃으며 응, 오늘은 화장실에 휴지가 있더라고…"

오호호 대리가 웃으며 말한다.

"어머, 부장님 넘 더러워. 호호호!"

허깔깔 과장도 허무하게 웃는다.

"부장님, 제가 참신한 퀴즈 낼 테니 한번 맞혀보세요"

"펭귄이 나온 학교는?"

"왕이 넘어진 걸 두 글자로 하면?"

"물고기 중 가장 학력이 높은 물고기는?

나매력부장과 허깔깔과장이 잠시 고민하더니 정답을 알려 달라고 한다.

"순서대로 냉장고, 킹콩, 닥터피쉬~~"

모두들 재미있다고 박장대소한다.

필자가 다니는 회사에 점심식사 후 이렇게 모여서 각자 준비한 유머를 통해 웃고 소통하는 모임이 있다. 잠깐의 유머로 기분을 전환하고 오후 업무에 임하니 업무 효율도 높다. 참여하는 분의 얼굴엔 항상 밝은 미소가 담겨 있고, 서로간의 동료애를 넘어서는 끈끈함이 있다.

유머와 웃음은 삶의 활력을 불러일으키고 어떤 상황에서건 긍정적인 마인드를 일깨워 주면서 업무효율도 높여 준다는 것이 여러 학자들의 연구결과로 밝혀져 있다.

미국 코넬대 엘리스 아이젠 심리학 교수는 긍정적인 기분을 느끼는 사람이 창의적이고 유연한 사고를 한다는 것을 실험으로 증명했다.

의사들에게 환자를 진단하기 전에 사탕 한 봉지를 주었다. 실험자들의 긍정적인 기분을 상승시키고자 연구진이 마련한 선물이다. 실험 결과 사탕을 받아 긍정적인 기분을 느낀 의사들이 진료 정보를 더 빠르게 받아들이는 것으로 나타났다. 오진율도 훨씬 낮아졌다.

아이젠은 이런 식으로 긍정적 기분을 느낀 협상가들이 복잡한 교섭에서도 융통성 있게 해결책을 찾는다는 것을 실험으로 증명했다. 다년의 연구를 통해 즐거운 사람이 어떤 상황에서건 훨씬 더 유연하게 대처한다는 사실을 연구결과로 밝혀낸 것이다.

-존크럼볼츠, 라이언바비노의 〈천재의 성공을 만든 작은 행동의 힘〉에서

하버드의 테레사 아마빌레 교수는 긍정적인 기분은 창의적 아이디어를 샘솟게 한다는 이론을 발표했다. 〈천재의 성공을 만든 작은 행동의 힘〉에는 아마빌레와 그녀의 동료들이 실험자 238명이 쓴 총 1만2천 건의 일기를 연구한 결과를 보면 일기를 쓴 사람의 기분이 좋은 날에는 창의적 아이디어가 떠오를 확률이 50%나 증가한 것으로 나온다.

긍정적 기분은 이월효과도 있는 것으로 밝혀진다. 오늘 기분이 좋았으면 내일이나 모레까지 기분이 좋아 창의적인 사고를 할 확률이 더 높다는 것이다.

물론 긍정적 기분이 학습의욕을 불러일으키는 경험은 누구나 한 번쯤 해 봤을 것이다. 생각해 보라. 학창시절 우울할 때 공부가 잘 되었던가? 부모님이나 선생님에게 혼난 다음에 하는 공부가 더 잘

되었던가?

기분이 우울하거나 부정적일 때는 창의력을 발휘하기가 힘들다. 기분이 좋거나 긍정적일 때 뭔가를 더 하고 싶은 마음으로 새로운 생각을 이끌어 낼 수 있다. 즉 마음이 긍정적일 때 창의력도 발휘할 수 있는 것이다.

그렇다면 긍정적인 기분을 어떻게 불러일으킬 것인가? 물론 가장 좋은 방법은 항상 행복한 마음을 유지하는 것이다. 하지만 그것이 어디 쉬운 일인가? 생각은 그렇게 하는 것이 좋다는 것을 알지만 현실은 쉽지 않다. 그래서 몸과 마음을 수시로 습관화 시키는 노력이 필요하다.

행복이나 우울 등의 감정이나 기분도 일정기간 지속되면 습관화되고 이것이 그 사람의 생각과 행동에도 영향을 미친다. 행복이 습관화된 사람은 긍정사고로 세상을 바라보게 되고 우울이 습관화된 사람은 부정사고로 세상을 바라보게 된다.

필자는 긍정적인 기분을 불러일으키기 위해 무엇보다 먼저 유머감각을 습관화해야 한다고 본다. 그래서 이 말을 이렇게 바꿔 보았다.

"행복하기 때문에 긍정적인 기분이 일어나는 것이 아니라 유머를 즐기는 습관 때문에 긍정적인 기분이 일어나고 긍정적인 기분이 일어나기 때문에 행복한 것이다."

이것은 우리 사무실에서 현실화가 되고 있다. 거의 매일 유머를 통해 소통하는 마음을 갖다 보니 어느 새 웬만한 스트레스쯤은 유머로 승화시킬 수 있는 내공이 쌓였다. 자칫 기분 나쁠 수 있는 충고

나 조언도 유머를 통해 전달하니까 훨씬 긍정적인 마인드로 받아들이는 일들이 많아졌다.

창의력을 키우고 싶으면 긍정적인 기분을 불러 일으켜야 하고, 긍정적인 기분을 불러일으키려면 먼저 유머 감각을 키워야 한다. 유머는 긍정적인 기분을 불러일으키는 특효약이자 창의력의 샘물이다.

유머있는 사람은 매력적인 가슴기다

미국 대통령 버락 오바마는 정치적 라이벌이었던 힐러리 클린턴을 국무부 장관으로 임명했다. 그 후 오바마 대통령은 백악관 출입 기자단과의 만찬에서 다음과 같은 유머를 던졌다.

"요즘 힐러리 장관과 아주 친해진 것 같아요. 멕시코(당시 신종 플루가 유행이던)에 다녀와서 나를 끌어안고 키스를 퍼붓더군요."

역대 최고의 유머 감각을 가졌다는 오바마 대통령, 그의 유머가 미국 역사의 최초로 흑인 대통령이 되는데 큰 매력을 발산한 것은 틀림없다.

유머 있는 사람은 매력이 있다. 사람과 사람 사이를 긍정적으로 이끌어 주기 때문에 사람들에게 많은 사랑을 받는다. 실제로 직장에서도 유머 감각이 뛰어난 사람이 많은 사람들로부터 사랑과 인정을 받는다.

유머(humor)의 어원은 그리스어로 ① 습기, 물기, 수분. 액체, 물, ② 눈물, 타액, 혈액, 담즙 ③ 강, 바다의 뜻을 담고 있는 유머(umor)에 있다. 고대 생리학 용어로 사람의 몸에 있는 체액을 의미한다.

유머(humor)가 사람의 기질을 결정한다고 본 것은 그리스 철학자 탈레스의 영향이 크다. 최초의 유물론자인 밀레토스학파 시조이기도 한 그는 만물의 근원을 물로 보았다. 물이 식물을 성장시키고 동물과 사람의 체액을 만들고 생명을 이에 촉촉함을 전해, 생기를 불어 넣는 가습기와 같다는 것이다.

겨울철 적절한 실내 습기유지가 안 될 경우 감기에 걸릴 확률이 높다. 가습기를 가동해서 적당한 습기를 유지하는 것이 중요하다. 사회에도 이렇게 적절한 습기를 유지시켜주는 유머가 필요하다.

항상 웃음이 넘치는 조직이 있다. 무엇이 그리 즐거울까? 조직장이 유머로 분위기를 살려가는 것이다. 이런 조직은 누구나 함께 하고 싶어 하는 인기 있는 조직이라 성과도 높다.

필자도 20여년 한 직장에 있다 보니 여러 조직을 거쳤다. 유머있는 상사가 있는 조직에 있을 때는 상하 간에 의사소통도 잘되고 유쾌하고 활기가 넘쳤다. 유머가 생명에 필요한 촉촉한 습기를 주어 조직을 살아있게 만드는 것이다.

유머로 매력을 발산하라

유머있는 사람이 매력있다. 누구나 공감하는 말이다. 왜 그럴까? 유머는 사람의 마음을 또는 기분을 즐겁게 만들기 때문이다. 유머는 단순히 사람을 웃기는 것뿐 아니라 주위 사람의 마음을 즐겁게 하는 것을 포함한다.

감정은 어떤 상황이나 사건에서 받는 기분이나 느낌이다. 항상 유머를 추구하는 사람은 어떤 상황에서든 유쾌한 기분을 빨리 회복하고 전환시키는 능력이 있는 사람이다.

1981년 레이건 대통령이 피격당해 병원에 실려 왔다. 수술을 위해 간호사가 몸에 손을 대자 그는 이렇게 말했다.

"우리 낸시에게 허락 받았나?"

그는 수술 직전에 의사에게도 유머를 던진다.

"당신들은 모두 공화당원이겠지요?"

그러자 의사도 그에게 유머를 던졌다.

"저희는 최소한 오늘만은 전부 공화당원입니다"

수술 후 의식을 회복한 레이건은 자신을 걱정하는 측근들에게 또 유머를 던진다.

"내가 헐리우드에 있을 때 이런 저격을 받아 주목을 끌었다면 배우로 분명히 성공했을 텐데…. 안 그래요?"

미국인들은 이런 유머를 들으며 위기의 순간에도 여유를 잃지 않는 그의 모습에 안도하고 아낌없는 지지를 보냈다. 유머의 힘이 얼마나 큰지 알 수 있는 사례 중에 하나이다.

유머를 잘 하기 위해서는 평소 부정적 감정을 유머를 통해 긍정적 감정으로 바꾸는 여유를 가져야 한다. 아무리 심각한 상황임에도 이를 긍정적으로 받아 들일 수 있는 여유가 곧 유머로 나오는 것이고, 그 유머가 습관화 되면 이제 반대로 그 어떤 상황도 긍정적으로 받아 들이는 여유를 갖게 만드는 것이다.

유머 감각이 뛰어난 사람은 타고난 경우도 있지만 필자처럼 후천적으로 애써 노력하는 경우도 많다. 부정적인 상황을 긍정적으로 받아들이는 노력을 기울이기 위해서라도 유머를 배워야 한다. 유머를 통해 인생의 여유를 찾고 유머를 통해 부정적 감정도 긍정적인 감정으로 표현하는 사람이 매력있는 사람이다.

유머로 감정을 전달하라

유머로 감정을 관리하는 습관을 들인 사람들은 긍정적으로 삶을 대하고, 스트레스는 적게 받고, 좌절에 굴하지 않고, 위기도 쉽게 극복한다.

2014년 KBS 연예대상 코미디 부문 최우수상을 받은 개그맨 김대희 씨가 수상 소감에서 자신의 절친 개그맨 김준호 씨에게 한 유머가 인터넷에 회자된 적이 있다.

같은 말이라도 유머로 승화시켰을 때 그 파급효과가 얼마나 큰 것인지를 보여주는 대표적인 사례라 되어 잠깐 인용해 본다.

> "앞에서 다 울어서 나는 울지않겠다. 개그맨 꿈을 심어준 컬투 형들고
> 맙다. 혹시 몰라 적어왔다. 빨리 읽겠다."
> (감사한 사람들의 이름을 모두 말한 후)
> "마지막으로 한 사람밖에 떠오르지 않는다. 준호야, (울먹이는 표정)
> 작년에 너 대상 탈 때 내 얘기 안 했잖아.
> (좀 머뭇머뭇할 때 슬픈 노래가 배경음악으로 나옴)
> 나도 안 할래."

김준호 씨는 동료 개그맨들이 소속한 기획회사의 대표로 있는데, 시상식이 있는 얼마 전에 공동대표였던 사람이 공금을 횡령해서 도망을 치는 바람에 어려움을 겪고 있었다. 그 날도 동료 개그맨들이 어려움에 처한 김준호 씨를 믿고 따른다며 용기를 가지라는 말로 신뢰를 북돋는 말을 하고 있었다. 김준호 씨가 사업에서는 어려움을 겪고 있지만 동료 개그맨들한테는 여전히 신뢰를 받으며 인기를 얻고 있다는 것을 보여주는 훈훈한 장면이었다.

그러니 그의 절친한 친구인 김대희 씨도 당연히 그 말이 나올 줄 알았다. 그런데 이게 무슨 말인가?

"준호야, 작년 너 대상 탈 때 내 얘기 안 했잖아."

은근히 절친한 친구로서 작년에 느꼈던 자신의 감정을 담아 심각한 분위기를 이끌어 내더니 갑자기 그 자리에 모인 관객은 물론 수

많은 시청자들이 전혀 예상치 못한 말로 웃음을 선사한다.

"나도 안 할래."

순식간에 관객과 시청자는 초토화가 되었다. 오죽하면 그 여운이 짙어서 그 부분만 편집한 동영상이 인터넷에 회자할 정도였다.

"김대희 최고다."

"뼛속까지 개그맨인 김대희가 대상감이다."

동영상을 본 네티즌들은 열광했다. 개그맨 김대희 씨의 매력에 빠져들기 시작한 것이다. 지금도 인터넷 검색으로 '김대희 수상소감'을 검색하면 얼마든지 볼 수 있을 정도로 인기를 끈 것이다.

그 순간 김준호 씨는 친구에게 그 어떤 말보다 더 큰 위로를 받은 표정으로 환하게 웃고 있다. 우스갯소리지만 그 속에는 김대희 씨가 작년에 친구에게 상처 받은 감정을 긍정 감정으로 표현한 것으로 볼 수 있다. 나는 너를 이렇게 친한 친구로 생각하는데 너는 어찌 나한테 그럴 수 있느냐는 뜻을 간접적으로 전달한 것일 수도 있다. 그 순간 사업 때문에 힘들어 하는 김준호에게 환한 웃음을 줌과 동시에 무한한 신뢰를 느끼게 해준 것이다.

한 순간의 유머로 매력을 발산한 김대희 씨는 뼛속까지 개그맨이라는 찬사를 듣게 된다. 개그맨에게 이보다 더한 찬사가 어디 있을까?

유머는 자신의 불편한 감정을 상대가 기분 나쁘지 않게 표현함으로써 상대의 마음을 얻게 하는 힘이 있다.

"나 기분 나빴어!"

직접적으로 말해서 상대방의 감정을 건드리면 상대도 내가 느낀 감정과 똑같은 감정 상태가 되기 때문에 그 말을 함으로써 얻고자 하는 본래 의도를 제대로 전달할 수 없다. 생각해 보자. 우리가 상대에게 내 감정 상태를 전달하는 이유는 무엇인가? 어찌 됐든 내 감정이 나쁘니까 내 말을 들어줘서 내 나쁜 감정 상태를 풀어달라는 의도가 아니던가? 결국 서로의 마음을 이해하며 더 친하게 지내자는 의도가 아니던가? 결국 서로 좋은 관계를 유지하자고 하는 일이 아니던가?

그런데 일상에서 우리의 모습은 어떤가? 내 감정을 전달하는 과정에서 직설적인 언어로 표현하다 보니 오히려 상대의 감정을 나쁘게 만들어 관계를 더욱 악화시키는 경우가 많다.

하지만 이때 자신의 감정을 유머로 승화시켜 돌려 말하면 상대는 내가 느꼈던 감정보다 내가 말하는 의도를 먼저 알아차리게 된다. 내 감정을 표현하는 본래 의도를 놓치지 않고 상대에게 온전히 내 마음을 전달할 수 있는 것이다.

자신의 감정을 직접적으로 표현하는 것은 누구나 할 수 있다. 동물들도 화가 나면 으르렁거리며 직접적으로 감정을 표현하지 않던가? 그러나 감정을 직접적으로 표현하고 나면 반드시 그 대가를 치러야 한다. 상대의 감정을 건드린 만큼 상대도 내 감정을 건드리는 행동을 하게 만들었기 때문에 최악의 상황으로 관계단절까지 감수해야 한다.

그런데 이를 직접 표현하지 않고 유머로 돌려 말할 수 있다면 상대의 감정을 건드리지 않고 자신의 뜻을 온전히 전달시켜 더욱 좋은 관계를 유지할 수 있다.

유머는 약점조차 매력으로 만들어준다

"뭐 드시겠어요?"

"중식 주이쇼."

"네? 뭐 달라고요?"

"중식예." (정식이요.)

"네?"

(아궁 오늘도 못 알아 듣네)

"김치찌개 하나요."

20여 년 전 필자가 서울에 처음 왔을 때 식당에서 늘상 겪어야 했던 일이다. 그때는 정말 식당에 가기가 싫었다. 경상도 출신에 목소리도 작은 편이라 갓 상경했을 때에는 사람들이 말을 잘 알아듣지 못했다. 물론 지금도 집사람조차 100% 알아듣는 눈치는 아니다. 그러니 당시는 어땠을까? 그렇다고 굶을 수는 없기에 수개월 동안 그나마 주인이 잘 알아듣는 '김치찌개' 만 시켜 먹었던 기억이 새롭다.

강사로 활동하는 지금도 억양은 사투리가 많이 남아 있다. 하지만 예전처럼 큰 스트레스를 받지는 않는다. 강사생활을 하면서 완벽한 것 보다는 좀 약점을 보이는 것이 보다 인간적으로 느껴져 교육생과의 라포가 잘 이루어진다는 것을 알고 있기 때문이다.

"귀를 기울여 주이소. 단디 쫌 들어주이소, 단디!"

강의시간에 간혹 일부러 사투리 억양을 살려 강조하면 좌중은 웃음바다가 된다. 불과 몇 년 전만해도 '김치찌개' 밖에 시킬 수 없도록 주눅 들게 만들었던 사투리 억양이 어느 한 순간 나만의 매력으로 포장되는 순간이다.

유머에는 상대를 깔아 내리는 가학적 유머와 상대를 높이고 자신을 낮추는 망가짐의 유머가 있다.

가학적 유머는 상대의 약점, 흔히 신체나 실수를 비하 또는 조롱하는 것으로 당하는 사람에게는 완전 폭력이다. 가급적 이런 유머는 하지 말아야 한다. 한 순간 웃음은 유발할 수 있을지 몰라도 상대나 자신에게 씻을 수 없는 상처를 줄 수 있기 때문이다.

이에 반해 상대를 높이고 자신을 낮추는 망가짐의 유머는 진지하게 생각해 볼 필요가 있다. 자칫 자학적 유머로 자신을 너무 깎아 내릴 수 있지만 잘 활용하면 자신의 약점을 유머로 무장하는 큰 힘을 얻을 수 있다.

필자의 경우가 그랬다. 강사가 사투리를 쓴다는 것은 치명적인 약점이자 콤플렉스이다. 그래서 가급적 사투리를 쓰지 않기 위해 노력한다. 예전에는 무의식적으로 사투리가 튀어 나오면 그것을 감추기 위해 괜히 위축되거나 주눅이 들던 때가 있었다. 그런데 어느 한 순간 사투리 억양을 유머에 접목시키다 보니 오히려 청중이 재미있어하고 집중하게 되었다. 점차 콤플렉스였던 사투리 억양조차 강점으로 활용하는 여유가 생겼다.

필자가 사투리 억양을 살려서 유머감각을 뽐내는 식당이 있다. 삼합집으로 조그만 규모인데 60대 여자 사장님이 혼자 운영하고 있다.

"사장님(아줌마라고 해서는 절대 안 됨), 저는 여 삼합이 전 세계에서 젤로 맛나네요. 특히 손수 담은 묵은지, 넉넉히 담아서 하나 주이소."

진짜로 넉넉히 주신다.

"더 필요한 거시기는 읎나?"

"사장님, 오늘은 시래기 국도 따땃하니 맛있는 디요."

시레기국이 사발로 나온다.

"사장님, 지금도 억수로 이쁘신 데, 젊었을 적엔 난리 났지예?(났지요)"

"그라재, 내가 소시 적에……'

10분이 넘도록 쉼 없이 이야기한다.

"진짜요?"(끄덕끄덕.)

"으짜스까!"

"으메, 대단하시네요!"

이런 맞장구는 필수다.

"아, 내 야그가 좀 길었재? 야그들 나누셔."

"어데예. 잼나게 들었어예. 더 해주셔도 되는데"

얼마 후.

"저기, 이것 좀 잡사 봐. 오늘 올라온 꼬막인데, 싱싱해. 싸비스야!"

"어이구, 사장님. 뭘 이런 걸 다…. 고마워서 우짜노? 잘 무께습니다(먹겠습니다)."

물론 서비스를 바라고 의도적으로 쓴 말은 아니다. 오랜 강의활동을 하다 보니 필자도 모르게 유머감각을 살려 최대한 사투리 억양을 살려서 맞장구를 쳐 준 것이다. 그러자 바로 긍정적 감정을 유발하는 서비스로 바로 화답이 오는 것이다. 유머는 상대 마음의 빗장을 푸는 좋은 열쇠이다.

강의할 때 주의를 집중이 필요한 시간이 있다. 특히 대부분의 교육생들이 졸기 쉬운 오후 2시경은 더욱 그렇다. 이때 필자는 망가지는 웃음치료를 한다. 웃음 3단계인 파안대소〉 박장대소 〉 포복절도의 시범을 최대한 오버 액션을 동원하는 것이다.

사실 필자는 전문웃음강사가 아니라 능숙하지 못할 때가 많다. 하지만 강의를 재미있고 효율적으로 진행하기 위해서 더욱 오버를 한다. 어설프지만 그런 점이 더욱 웃음을 자극한다. 약점을 강점으로 활용하는 배짱이 생긴 것이다. 또한, 한바탕 웃고 나면 개운해지는 것은 덤이다.

개그맨들이 자신의 약점 이를테면 뚱뚱한 몸, 못생긴 외모, 어눌한 말투 등을 희화화하고 드러내어 웃음을 준다. 일반인이라면 창피하다고 할 것을 웃음으로 바꾸었기에 이미 그것은 그들의 약점이 아니라 강점이 된 것이다.

사람은 누구나 약점을 갖고 있다. 문제는 그 약점 때문에 더욱 주눅이 들어 자신감마저 상실하는 것이다. 자신의 약점을 유머로 승화 시켜보는 노력을 조금만 해보자. 어느 새 그것이 자신만의 매력적인 강점으로 돋보이는 경험을 할 수 있을 것이다.

유머는 성숙한 방어기제다

'오늘은 왠지, 일이 잘될 것 같아.'

이런 느낌이 드는 날이 있다. 휘파람이나 흥얼거림이 절로 나기도 한다. 일도 쑥쑥 잘 처리된다. 내 감정 상태가 좋은 날에 그렇다. 감정상태가 좋은 이유는 몸도 건강하고 기분도 상쾌하다. 정확히 말하면 감정적으로 좋은 상태가 되어 있다.

언제든지 보기만 하면 기분이 좋아지는 사람이 있다. 항상 유머와 위트가 넘쳐 긍정적인 감정에너지를 나눠주는 사람이다. 이런 사람의 얼굴은 온화하고 밝다. 그만큼 모든 일을 긍정적으로 받아 들인다.

또한 유머와 위트가 있는 사람은 다른 사람을 즐겁게 만드는 매력이 있어 주변에 좋은 사람이 많이 모여든다. 공짜로 생기는 것도 많다. 자신이 뿌린 유머의 씨앗으로 긍정의 열매를 거둬들이는 것이다.

감정 또는 정서로 번역되는 영어는 emotion이다. 일종의 밖으로(e, out) 향하는 운동(motion)을 뜻한다. emotion은 '소란', '소요'의 의미를 담고 있고, 대기의 emotion은 천둥을 뜻한다. 사람이 느끼는 요동치는 경험도 emotion이라고 한다. emotion은 1650년대에는 'strong feeling'이라는 의미로, 1800년대에는 'any feeling'이라는 의미로 사용되기 시작했다.   - 〈인간의 모든 감정〉(서해문집)

"팀장님 지난번 회의 때 지시하신 기획보고서입니다. 검토해주십시오."

"그래요, 한번 같이 봅시다…."

(화난 목소리로)

"아니, 노대리, 지난번에 말한 것 제대로 들은 거야? 이렇게 보고서를 만들어 오면 어쩌자는 거야? 일 좀 똑바로 해. 보고서의 줄 하나 제대로 맞추지 못하고, 기본도 안 되어 있어. 다시 해 와요."

이런 경우 노대리가 유머로 단련된 긍정적 감정을 지녔다면 '이런 오늘 팀장님 기분이 안 좋은 일이 있었나 보네. 오늘따라 과한 반응이시네. 일단 알았다고 물러났다 수정하고 기분 좋을 때 다시 가져와야지.' 라고 생각하며 얼른 지시대로 행동할 수 있다.

그런데 노대리가 유머감각이란 전혀 없는 부정적 감정의 소유자라면 어떻게 이 상황을 받아 들일까?

'큰일 났네. 이것 때문에 영원히 무능한 놈으로 찍힌 것 아냐. 가뜩이나 인사고과 시즌인데 어쩌지?'

팀장은 그날 따라 자기감정대로 반응했을 뿐인데 노대리는 괜히 쓸데없는 걱정으로 더 안 좋은 일을 불러들일 수 있다. 어디 그뿐인가?

'뭐, 이런 게 다 있어? 아이, 자존심 상해. 사람을 면전에서 무시하네. 더럽고 치사해서 내가 네 밑에서 일하나 봐라.'

어쩌면 그 순간 화가 올라와서 앞뒤 재지 않고 회사를 그만둘 생각부터 하게 될지도 모른다.

"행복의 조건은 인생의 고통에 어떻게 대처하느냐에 달려 있다."

미국의 조지 베일런트 교수는 〈행복의 조건〉이라는 책에서 이렇게 밝히고 있다. 중요한 것은 고통이 닥쳤을 때 어떤 자세로 대처하느냐는 것인데, 연구 결과 유머 감각을 가진 사람이 성숙한 방어기제를 갖고 있다는 것이다. 즉 같은 고통의 크기라도 유머를 즐기는 사람은 긍정적인 에너지로 받아들이는 경향이 크기 때문에 일반적인 사람보다 행복할 확률이 높다고 한다.

방어기제는 인생의 갈등, 고난, 스트레스, 고통에 대처하는 정신 세계의 현상이다. 성숙한 방어기제를 가진 사람은 인생의 그 어떤 고난과 고통도 긍정적으로 전환하는 뛰어난 능력을 갖고 있다.

유머는 성숙한 방어기제의 특효약이다. 어려운 상황, 위기를 긍정으로 해석하고 재치 있는 유머로 넘길 수 있는 힘을 키우기 위해 평소부터 성숙한 방어기제의 특효약을 많이 챙겨둘 필요가 있다.

직장에서 중요한 프리젠테이션을 할 때가 있다. 준비를 많이 하지만 실수나 돌발상황이 발생할 때가 있다. 글자나 숫자가 틀렸거나 기기 작동이 안 되는 일이 생긴다. 이때 성숙한 방어기제를 갖춘 발표자라면 얼마든지 유머로 넘길 수 있다.

"중요한 자리라 저만 아니라 노트북도 얼음입니다. 잠깐 훈훈한 분위기로 녹이는 시간을 갖도록 하겠습니다."

"노트북이 먹통 되었다고 발표자도 먹통이 되는 건 아닙니다. 당

황한 마음이 진정되셨다면. 계속해서 진행하도록 하겠습니다. 인쇄
물 5페이지를 봐주시면 감사하겠습니다."

"장표에 주목하시고 잘못된 숫자를 지적해주셔서 감사합니다.
저기 '0' 자가 틀렸는데요. 허리띠를 졸라매야 하겠습니다. '8' 자가
맞습니다."

역사적으로 위대한 족적을 남긴 위인들은 한결같이 유머에 능통
했다. 정말 난처한 순간에 재치 있는 유머로 성숙한 방어기제를 활
용한 일화들이 많다. 그 중에 몇 가지를 소개하면 다음과 같다.

미국의 링컨 대통령은 인터넷 검색을 하면 당장 수많은 유머 일
화를 접할 정도로 유명하다. 그 중에 대표적인 것이 대통령 후보 합
동 회견 자리에서 있었던 일이다. 그의 라이벌인 상원의원 라이벌
더글러스가 대중들 앞에서 링컨을 가리키며 이렇게 말했다.
"링컨은 말만 그럴 듯하게 하는 두 얼굴을 가진 이중인격자입니
다. 그래도 그의 말을 믿겠습니까?"
그의 연설이 끝나고 링컨의 차례가 돌아왔다. 대중은 링컨이 똑
같이 상대를 비방하는 말로 나설 것으로 예상했다. 하지만 이내 그
들의 예상은 보기 좋게 빗나갔다. 단상 앞에 선 링컨은 전혀 흥분도
하지 않은 차분한 목소리로 말문을 열었다.
"앞에서 더글러스 후보는 저에게 두 얼굴을 가진 이중인격자라
고 몰아붙였습니다. 예, 좋습니다. 하지만 여러분이 잘 생각해 보시

기 바랍니다. 그의 말대로 제가 만일 두 얼굴을 가진 사나이라면 오늘같이 중요한 날 잘 생긴 얼굴로 나오지 이렇게 못 생긴 얼굴로 나왔겠습니까?"

순식간에 장내에는 폭소와 박수가 터졌고 링컨은 열광하는 대중을 자신의 편으로 돌려 세울 수 있었다.

인간관계에서는 누구든 다른 사람에게 상처를 주고 상처를 받는다. 누구도 예외 일수는 없다. 하지만 유머라는 창과 방패를 가졌다면 타인에게 감정적 상처를 주거나 받는 것이 훨씬 적다. 유머는 부정적 감정을 한 순간에 긍정적 감정으로 바꾸어 주는 묘약이기 때문이다.

인간의 뇌, 이성과 감정을 잡으려면 유머로 자극하라

출근길에 전단지를 내미는 사람들도 이성 호소형과 마스크형, 감정 호소형으로 유형을 나눌 수 있다.

"식당 10% 할인입니다."

"헬스 50% 할인입니다."

정보와 혜택만 말하는 유형이 이성호소형이다.

마스크를 쓴 채 전단지만 말도 없이 전단지만 내미는 유형이 마스크형이다.

감정 호소형은 긍정감정 호소형과 부정감정 읍소형으로 나누어진다.

"좋은 아침입니다."

"행복한 하루 되세요."

"감사합니다."

긍정적인 멘트와 웃는 얼굴로 다가서는 이들은 긍정감정 호소형이다.

"하나만 받아주세요."

읍소하는 이들은 부정감정 읍소형이다.

같은 일을 하더라도 어느 쪽이 행복할까?

어느 쪽 사람이 내미는 전단지에 더 눈길이 갈까?

남의 일처럼 보지 말고 나는 어느 감정 유형으로 일하고 있는지 살펴볼 일이다.

현대 심리학에서는 뇌과학적 측면에서도 감정을 설명하고 있다. 삼위일체 뇌 이론을 주장하는 폴 맥클린 박사는 인간의 뇌를 진화론의 입장에서 세 부분으로 분류했다.

첫째는 '파충류의 뇌'라는 뇌간 부위다. 기본적인 생명유지를 담당한다. 둘째는 '포유류의 뇌'인 대뇌변연계, 셋째는 '인간의 뇌'인 대뇌피질과 전두엽이다. 이 부분이 이성을 담당한다. 인간의 뇌는 끊임없이 진화해 왔고 그 진화의 흔적이 뇌에도 남아 있는 것이다. 중요한 것은 파충류의 뇌나 포유류의 뇌와 같은 원시적인 뇌는 생존 본능과 직결되어 있어 이 부위에 문제가 생기면 다른 부위의 기능이 마비되어 제 기능을 하기 어렵다.

감정은 포유류의 뇌인 대뇌변연계가 주로 관장하는데, 그중 아몬드와 비슷한 모양과 크기인 편도체(아미그달라)가 분노, 증오, 행복 등의 감정에 관여한다. 이 편도체는 외부에서 들어오는 여러 경로의 정보를 마치 CC TV 감시센터처럼 감시하는 역할을 한다. 외부의 정보를 좋은 것, 나쁜 것, 위험한 것 등 세 가지 분류하고, 생존을 위협하는 위험하고 나쁜 것이 들어오면 몸에 비상사태 경보를 울린다. 비상사태가 선포되면 이성의 뇌가 작동을 제대로 할 수 없다. 그래서 공포나 분노의 상황일 때 이성적 판단이 무디어 지는 것이다.

아무리 이성적으로 옳은 생각을 하더라도 감정을 사로잡지 못하면 포유류의 뇌는 설득되지 않는다.

감정에만 호소하는 것은 인간을 동물의 경계로 떨어뜨리는 것이고, 이성에만 호소하는 것은 인간의 동물적 본능을 무시하는 것이다.

따라서 누군가의 마음을 사로잡고 싶다면 이성과 감정을 함께 다룰 줄 알아야 한다. 누군가에게 매력을 돋보이기 위해서는 이성적인 행동과 말만 아니라 감정을 사로잡는 자극적인 행동과 말도 함께 활용할 줄 알아야 한다.

이때 감정과 이성을 잡을 수 있는 말 중에 유머만큼 좋은 것도 없다.

많은 사람들이 좋은 강의의 조건으로 재미와 감동, 유익한 정보를 담아야 한다고 생각한다. 교육생들은 강사가 아무리 유익한 정보를 제공한다 해도 재미와 감동이 없으면 시큰둥한 반응을 보이기 십상이다. 교육생들이 유익한 정보를 있는 그대로 받아들일 수가 없다. 또한 강사가 아무리 재미있게 감동을 주는 강의를 했다 하더라도 실질적으로 챙길 수 있는 유익한 정보가 없으면 이것 또한 좋은 강의라 평가하지 않는다.

공익방송의 다큐멘터리 프로그램이 유익한 정보와 감동적인 이야기를 담고 있더라도 재미를 담지 못해 외면을 받는 경우와 교양방송의 코미디 프로그램이 재미를 담고 있더라도 유익한 정보를 담지 못해 끝나고 나면 공허함을 불러일으키는 것을 생각해 보면 잘 알 것이다.

사람 중에도 입만 열면 옳은 소리로 유익한 정보를 제공하지만 재미가 없어 가까이 하기 싫은 사람이 있다. 이런 사람은 포유류의 뇌를 가진 인간의 감정을 자극하기 위해서 어떻게 해야 하는지 고민해 볼 필요가 있다. 아무리 좋은 정보라 하더라도 상대방의 뇌에 온전히 전달하지 못한다면 자신의 표현 방식에 문제가 있다는 것을 알아야 한다.

이와 반대로 자기 딴에는 유머감을 발휘해서 사람들을 재미있게 해준다고 생각하지만 음담패설이나 시중의 가십거리만 입에 달고 다녀서 웃기기는 하지만 괜히 거리감을 두고 싶게 만드는 사람이 있다. 이런 사람은 인간은 단순히 감정적인 반응만 보이는 포유류의 뇌보다 한 단계 업그레이드 된 인간의 이성적인 뇌에 어떻게 접근할 것인지 생각해 볼 필요가 있다. 아무리 웃기고 감정을 자극하는 말이라도 이성까지 건드리지 못하면 인간의 뇌는 쉽게 반응하지 않는다는 것을 잘 알아야 한다.

결국 이성과 감정을 동시에 자극해야 하는 인간의 뇌에 접근하기 위해서는 재미와 유익한 정보를 함께 전달할 수 있어야 한다.

매력있는 유머리스트가 되기 위해선 단지 웃기는 말장난만 잘한다고 되는 것은 아니다. 상황에 맞는 말과 상대방에게 유익한 정보를 동시에 제공해 주는 촌철살인의 위트가 담겨 있어야 한다.

건강을 지키는 유머 바이러스

할머니는 조금만 아프면 시골 보건소를 찾는다.

"의사 선상님, 전신이 꼭꼭 쑤시고 골도 뽀개질 듯 아파 죽겠는디. 살리주이쇼"

"어휴, 많이 아프셨겠네요. 할머니, 추운데 마실 다녀오셨나 보다. 제가 금방 안 아프게 약 지어 드릴게요. 근데 이 약은 꼭 밥 많이 드시고 먹어야 해요. 방도 따뜻하게 하셔서 폭 주무시고요. 아시겠죠?"

"하이구 선상님, 선상님 말만 들었는 데, 벌써 다 나사쁜 거(나은 것) 같네예."

할머니는 보건소만 다녀오면 병이 금방 낫는다. '의사 가운의 효과'다. 의사 선생님은 병을 낫게 하는 사람이라는 강한 신념과 긍정의 감정이 있기 때문이다. 그래서 소화제를 처방받고 와도 모든 병이 낫는 '위약효과'가 생긴다. 나을 것이라는 긍정적 신념과 감정이 본인 신체의 면역력을 강화시킨 것이다.

자가 면역력을 높이는데 유머와 웃음만큼 효과가 좋은 것도 없다. 암, 다이어트, 아토피 등 각종 치료에도 효과가 있다는 것은 누구나 다 아는 사실이다. 유머와 웃음은 스트레스를 날려주고 긍정적 감정으로 만들어 준다.

스트레스를 받으면 인체는 이에 대해 비상 방어시스템을 발동 시킨다. 원시시대 사나운 맹수와 마주쳤을 때 나타나는 신체반응과 같다. 즉 도망가거나 맞서 싸워야 하는 데 이러려면 일상적인 신체의 기능을 유보하고 오로지 생존을 위해 도망가거나 투쟁할 수 있는 에너지를 만들어 근육에 보내야한다. 따라서 혈압도 높아지고, 심박수도 증가하고, 호흡도 가빠지고, 체온도 상승하는 등의 신체반응이 오는 것이다. 이는 단기간에는 크게 문제되지 않는다. 다만 스트레스 상황이 오래 지속이 된다면 이는 매일 온몸이 비상 전시체제로 있는 것이다. 즉, 정상적인 신체의 여러 활동 특히, 몸의 자가 면역활동이 제대로 기능을 하지 못한다. 그러니 여러 가지 질병에 걸릴 위험이 증가하고, 걸렸다면 이를 이겨낼 자가치유력이 부족해지는 것이다. 스트레스가 만병의 근원이라는 말은 여기에서 나온다.

유머와 웃음을 생활화 하면 스트레스가 줄어든다. 그러므로 우리의 몸은 그만큼 건강해지는 것이다.

유머는 타인의 스트레스도 해소해준다. 주변에 이러한 유머리스트가 있다면 무료 건강 주치의라 생각하고 고마워해야 할 것이다.

하버드대의 연구에 따르면 행복한 감정과 불행한 감정은 전염되고, 특히 불행의 감정은 다른 감정에 비해 두 배 더 빨리 전염이 된다고 한다. 이에 반해 행복한 감정은 더 오래 10년 간이나 지속한다고 한다.

불행한 감정의 사람보다는 행복한 감정의 사람과 많이 접촉하는 것이 좋다는 결론이다. 나는 어느 쪽 사람이 될 것인가? 사람들이 기피하는 불행한 감정의 소유자가 될 것인가, 누구나 가까이 하고 싶어하는 행복한 감정의 소유자가 될 것인가?

우리 모두 행복한 감정의 전달자인 유머리스트가 되어 유머 바이러스를 전염시켜 보자. 주변에 많은 감염자가 나올수록 우리는 더 행복해 질 것이다.

유머치 탈출 비법 3가지

1. 거꾸로 보고 관찰하라

음악에 음치가 있다면 유머엔 유머치가 있다. 본인은 전혀 유머 체질이 아니다라고 포기한 이, 또는 본인은 유머라고 한 말인데 반응이 항상 썰렁하다면 유머치를 의심해야 한다.

개그맨일지라도 준비 없이 유머를 하려고 하면 쉽지 않다. 그렇다고 매일 유머를 외우고 연습한다는 것도 만만찮은 일이다.

유머는 여유에서 나온다. 상대를 비난하지 않고 마음을 여유롭게 하면서 반전이 있는 것이 좋은 유머이다. 세상을 바라보는 관점을 바꾸는 것이 중요하다 유머의 관점으로 바라보게 하는 유머 선글라스를 끼는 것이다.

세상 모든 일에는 새옹지마처럼 양면성이 있다. 어떠한 일이라도 긍정적인 면이 있다.

차를 타고 가다 교통사고가 나서 팔이 부러졌는데, 친구가 위로한다.

"교통사고로 병원에 입원까지 하고 고생이 많다."

"고생은 뭘, 와이프가 먹여주고 닦아주고, 그래도 살아서 이런 호강을 다 누린다."

부정적 상황에서도 긍정적인 면을 찾아내서 유머로 승화하는 것이다.

고 정주영회장의 일화이다. 공장이 불이 났다.

"허허, 어차피 헐고 다시 지으려 했는데 잘되었구먼. 걱정 말고 일을 열심히 해."

정주영회장은 그 불행한 순간을 유머로 반전했다. 그 분의 도전정신, 추진력은 어려운 상황에서도 유머를 잃지 않았기에 더 빛을 발할 수 있었던 것이었다.

이 정도가 되려면 평소에 긍정적인 마인드와 여유를 갖고 있어야 한다. 또한 평소 '이것의 긍정적인 면은 무엇일까?' 라는 질문으로 절대 긍정의 마인드를 가져야 한다.

어렵고 불행한 상황 속에 불평이나 불만을 하는 것은 누구나 할 수 있는 일이다. 불행 속에서 긍정의 유머를 찾는 것은 어렵다. 하지만 그 속에서도 긍정의 유머를 찾아낸 사람은 그 불행을 극복할 마음 자세를 이미 갖추고 있는 사람이다. 아무리 부정적인 상황도 절대 긍정으로 바라보는 마인드와 마음의 여유를 갖고 거꾸로 생각하는 습관을 들여 볼 필요가 있다.

2. 유머암시와 유머노트를 활용하라

취업포털 사이트의 조사에 따르면 기업인사 담당자들이 말하는 채용의 또 다른 조건은 유머감각이라고 한다. 삼성경제연구소의 조사에서도 CEO들은 유머있는 인재를 선호한다고 한다. 유머있는 사람은 자신감 있으며 조직활성화에도 기여하고 어려운 일도 잘해내기 때문이다.

요즘 구직이 정말 어렵다. 이력서에 한 줄 채우려고 각종 스펙을 쌓는 공부를 하고 노력을 한다. 하지만 정작 채용에 결정적인 영향을 미치는 면접을 대비하여 유머를 공부하지는 않는다.

이제부터는 유머공부를 해보는 건 어떨까? 취업공부로 지친 머리도 식혀지고 유쾌해진 감정이 기억력에도 좋은 영향을 미치니 일석이조가 아닌가?

"사람들은 제가 천부적인 재능을 타고 났다고 생각합니다. 그분들은 모르는 것이 하나 있습니다. 그것은 제가 한 번 웃기기 위해서는 최소 한 100번을 연습한다는 사실입니다." - 찰리 채플린

타고난 유머 천재가 있을까? 유머가 직업인 개그맨도 5분을 웃기기 위해 일주일 내내 고민하고 연습한다. 유머는 저절로 되는 것이 아니다. 그만큼 노력을 기울여야 한다.

그러기 위해서는 무엇보다 먼저 내가 유머스런 사람이 되고자 결심하고 그것을 뇌에 각인 시켜야 한다. 사람은 누구든 관심을 가지고 있는 것이 보인다. 배가 아프면 화장실만 보이듯 유머를 갈구하면 유머가 보인다. 나의 뇌가 나는 유머스런 사람이라고 인식을 하게 하는 것이 중요하다.

사람은 누구나 자신의 생각을 가지고 있고, 이러한 생각은 자신의 의지와 상관없이 잠재의식에 암시를 준다. 난 유머에 재능이 없다고 뇌에 암시가 되어 있는 사람이라면 유머리스트가 될 수가 없다. 따라서 의식적으로라도 잠재의식에 유머를 잘한다는 암시를 하는 노력은 매우 중요하다. 필자는 이를 '유머암시' 라고 부른다.

"오늘은 왠지 큰 행운이 있을 것 같다."
"나는 뭐든지 할 수 있어!"
세계 최고의 갑부인 마이크로소프트사의 빌게이츠가 매일 이렇게 자기 암시를 한 것은 널리 알려진 사실이다. 이러한 자기 암시를 유머암시로 바꾸어 해보자. 뇌가 유머모드로 변화될 것이다.

필자도 매일 아침 유머암시법으로 하루를 시작한다. 아침에 눈뜨자마자 내뱉는 첫마디를 유쾌한 정서의 문장을 이야기하는 것이다.

"나는 유머로 기분 좋은 하루를 보낸다."

TIP. 유머암시 실행법

1. 매일 아침 잠에서 깨자마자 누운 채로 유머암시 말을 반복한다.

   "나는 유머로 기분 좋은 하루를 보낸다."

2. 매일 밤 잠자기 전에 유머암시를 되뇐다.

   "나는 유머로 기분 좋은 하루를 보낸다."

3. 눈에 잘 보이는 곳에 유머암시 문구 또는 스마일 그림을 붙여서

   보일 때마다 유머암시 주문을 왼다.

4. 이것을 최소 21일간 습관처럼 되풀이 한다.

그 다음에는 유머노트를 작성하는 것이다. 개그맨들도 자신만의 비장의 유머노트가 있다고 한다.

책이나 글쓰기를 하시는 사람도 독서노트를 작성하는 경우가 많다. 어떤 책의 주요내용, 맘에 와 닿는 문구, 책을 읽으면서 드는 나의 생각을 노트에 필사하는 것이다. 이를 바탕으로 책을 쓸 때 필요한 내용을 발췌하고 스토리를 가미하여 효율적으로 글을 쓰는 것이

다. 기억에는 한계가 있기에 이를 보완하는 노력이다.

이와 같이 방식으로 유머노트를 작성한다면 필사하면서 유머가 기억도 할 것이고, 유머 상황을 상상하면서 시나리오화 할 수도 있다. 그러다 보면 또 다른 유머를 창작하는 여유도 생긴다.

필자도 효과 있었던 유머는 적어 놓는다. 또한 다른 사람의 강의나 다른 매체를 통해 재미있었던 유머는 반드시 노트에 적어둔다. 그러다 보면 변형된 유머 아이디어가 생각나는 경우가 많은데 그것도 반드시 적어둔다.

하루에 1-2개라도 적은 것이 모이다 보면 어느 순간 늘어나 있다. 나의 소중한 유머노트가 만들어 지는 것이다.

요즘은 카톡, 밴드 등 SNS에 올라오는 유머도 많아 그것을 정리해 두는 것도 좋은 방법이다. 좀 더 고급스런 유머는 유튜브나 TED 등에서 유명인의 강연 영상 등에서 얻을 수 있다. 그들이 하는 유머를 반복해서 보고 따라하고 적다 보면 저절로 내 입에 붙어 유머의 매력을 느낄 수 있다.

노트에 적는 습관은 유머의 안경을 쓰고 세상을 관찰하게 만든다. 또, 어떤 유머든 기억이 잘 되는 효과가 있다. 이렇게 작성한 노트는 틈틈이 읽어 기억시키고, 사용해보고 수정해 나가면 된다. 유머 천재, 유머노트 한 권만 제대로 쓰면 우리는 누구나 유머의 달인이 될 수 있다.

3. 웃기지 못하면 웃어라

예전에 한참 인기 있었던 개그 프로에 '달인' 이라고 있었다. 달인 김병만, 사회자 류담, 수제자 노유진이 각자의 역할을 하면서 웃음을 주었고 사랑받았던 프로그램이다. 여기서 주인공은 당연 '달인 김병만' 이다. 하지만 그를 받쳐주는 개그맨 특히 김병만과 서로 말을 주고 받으면서 리액션해주는 류담이 없다면 재미가 있었을까? 맞장구와 리액션 해주는 류담이 유머에 감초 역할을 하는 것이다.

또 다른 개그맨 유재석도 본인이 웃기는 유머만 하는 게 아니라 상대가 하는 유머에 좀 과할 정도로 리액션해 주어 전체 분위기를 유머스럽게 이끈다.

유머의 주인공이 어렵다면 유머의 조연으로 리액션하라.

사회 초년생의 경우 윗사람들 앞에서 유머를 하기란 쉽지 않다. 우선 유머를 쓸 수 있는 위치가 아니다. 유머를 잘못 쓰면 분위기 파악 못한다고 핀잔을 들을 수 있다.

이럴 경우 유머를 사용하여 남을 웃기는 것보다 다른 사람의 유머에 적극 웃어주고 리액션하는 것이 좋은 전략이다. 윗사람의 유머가 썰렁해도 좀 과하게 웃어줘라. 웃음이 주는 치료효과를 생각하며 건강해진다고 생각하고 리액션하는 것이다.

이는 인간의 주요한 욕구 중 하나인 인정욕구를 채워주는 것이다. 자신의 유머에 적극 반응하는 후배 사원은 당연히 예뻐 보인다. 상대의 유머에 웃어주는 것도 상대에 대한 예의나 배려라는 생각으로 적극 웃어 준다면 당신은 항상 함께 하고픈 사람이 될 것이다.

"웃어라, 그러면 당신 주위에 사람이 모인다."

아이들은 하루 3~400번 웃는다고 한다. 성인은 그 횟수가 10여회 이하로 줄어든다. 미국 펜실베니아 대학의 연구에 따르면 미소 지을 때, 좀 더 호감 가고 예의바르게 보이고, 유능하게 보인다고 한다.

"안녕하세요. 00주유소입니다. 사장님 경유차이신가요?"
"네"
"경유 얼마 넣어드릴까요?" (미소 띤 얼굴 표정과 큰 목소리로)
"5만 원요".
"경유 5만원, 감사합니다"
"사장님 브레이크 밟아보세요. 조수석 브레이크 등이 나갔네요."
"시원한 생수 어떠세요?
"차 목욕할 때 된 거 같아요. 깨끗하게 때 밀고 가시죠?" (시종 일관 미소 띤 표정으로 손님 없을 땐 이런 저런 말도 잘 붙인다)
필자가 자주 가는 주유소 직원의 모습이다. 이 직원은 항상 미소를 띠고 웃으며 말한다. 이 친구의 미소 띤 모습은 나를 우호적으로 만들고 편하게 만든다. 주유소에 가서 안보이면 허전할 정도이다. 그래서 언젠가 물어 본적이 있다.
"매일 매일이 즐거운 일이 있나 봐요? 항상 웃는 얼굴이예요?"
"네, 매일 웃으니까 즐거워지네요. 제가 본래 안 웃으면 현상수배

범 같은 인상이라 거울을 보며 웃는 연습을 매일 합니다."

실제 안 웃는 표정을 지어 보였는데 많이 다르다(좀 무서움). 미소가 사람을 아름답게 하는 최고의 화장품이라는 말이 맞는 말이다. 그 주유소의 매력은 고객의 마음까지 즐겁게 하는 그 직원의 미소이다.

1884년 발표된 미국 학자 월리엄 제임스와 독일의 칼 랑게의 이론에 따르면 "울면 슬퍼지고, 웃으면 즐거워진다."고 한다. 신체 반응이나 외적 행동이 없으면 뇌는 감정을 자각하지 못한다는 것이다. 일부러 웃다보면 즐거워지고, 이러함 감정은 상대방에게도 전염된다.

유머는 남을 웃기는 것만이 다는 아니다. 자신이 먼저 잘 웃을 수 있는 상태에 있는 것도 중요하다.

아침에 전철이나 버스를 타면 주무시는 분이 있다. 근데 양미간을 찌푸린 표정과 잔뜩 웅크린 자세로 주무시는 분들이 눈에 띈다. 보는 필자까지 미간이 찌푸려진다. 감정이 전염이 된 것이다. 그분은 그 표정으로 주무시다 깨어나시면 유쾌한 감정 상태일까? 유머는 긍정적 감정 상태일 때 나온다. 몸과 감정은 연결되어 있다. 따라서, 유머를 하기 위해서는 몸도 유머 몸(?)으로 만들어야 한다.

이럴 땐 긍정적 감정 상태로 만들어 주는 파워포즈가 도움이 된다. 하버드대 에이미부교수 팀의 연구에 따르면 다소 건방져 보이는 책상에 한 손을 짚고 서거나 기댄 자세, 의자에 앉아 손을 목뒤에 두르고 발을 책상에 올린 자세 또는 양손을 옆구리에 올리고 가슴을 활짝 편 자세 일명 슈퍼맨 자세만 수분간만 하여도 몸의 호르몬 상태가 바뀌고 마음도 당당함을 느끼게 되었다. 자신감 호르몬인 테스토스테론이 20% 상승하였고 스트레스 호르몬인 코르티솔은 30%나 감소하였다. 유머가 안되고 잘 안 웃게 된다면 파워포즈를 취해보자.

또. 거울을 보고 미소 연습을 해보자. 그게 어려우면 억지로라도 유머의 한 자락을 떠올려 보거나 그 유머를 자신에게 들려주듯이 이야기해 보자. 저절로 입꼬리가 올라가고 웃는 모습이 될 것이다. 그 상태에서 하루에 몇 번이라도 미소를 짓고 웃어 보자. 15초 이상만 웃을 수 있다면 얼굴이 반응하여 환한 표정으로 바뀌는 것을 볼 수 있을 것이다.

어디 그뿐인가? 웃을 때마다 엔돌핀, 엔케팔린, 도파민, 세로토닌 등 행복호르몬이 팍팍 쏟아져 나오며 내 몸이 긍정적 에너지로 감싸이는 기운을 느낄 수 있을 것이다.

TIP. 유머치 탈출 비법

1. 거꾸로 보고 관찰하라
2. 유머암시와 유머노트를 활용하라
3. 웃기지 못하면 웃어라

못다한 유머 이야기

필자는 강의할 때 항상 유머로 시작한다. 특히 전국을 순회하는 교육은 낯선 사람들, 특히 팔짱 낀 어르신(?)들을 대상으로 짧은 시간 교육효과를 올려야하기에 유머로 팔짱은 물론이고 마음의 빗장을 푸는데 많은 시간을 할애한다. 처음에 유머나 웃긴 영상 등으로 마음을 열어 주면 강의에 집중도 잘 해줄 뿐만 아니라 강사에게 가장 중요한 피드백도 긍정적으로 해준다. 강의뿐 아니라 일상 생활이나 직장생활에서도 이러한 유머는 그 조직의 분위기를 결정한다. 또한, 이는 개인의 창의성과 배려심을 크게 한다.

유머는 긍정적 감정의 원천이다. 물론 긍정적 감정이 먼저인지 유머가 먼저인지는 논란이 있을 수 있다. 하지만 필자는 확신한다. 행복하기 때문에 웃는 것도 맞고 웃기 때문에 행복한 것도 맞다. 하지만 정말 행복한 사람은 행복하기 때문에 웃는 것이 아니라 늘 웃기 때문에 행복 속에 물들어 있는 사람이다.

마찬가지로 긍정적 감정이 유머감각을 일깨우는 것도 맞고, 유머감각이 긍정적 감정을 불러일으키는 것도 맞다. 분명한 것은 긍정적 감정은 저절로 불러일으키기기 힘들다. 이에 반해 유머감각은 조금만 노력하면 금방 내 것으로 만들어 나갈 수 있다. 긍정적 감정을 불러일으키려면 무엇보다 먼저 유머감각을 키우는 것이 좋다. 따라서 필자는 항상 이렇게 주장한다.

"긍정적 감정이어서 유머가 나오는 것이 아니라 유머를 하기 때문에 긍정적 감정이 일어나는 것이다."

인생의 행복과 불행은 이성보다는 감정이 좌우한다. 긍정적 감정이냐 부정적 감정이냐에 따라 판가름 난다. 긍정적 감정의 주인이 되고 싶은가? 그렇다면 먼저 매력유머의 감을 키워야 한다. 유머는 가장 간단한 긍정 감정의 도구이기 때문이다.

'회복탄력성(resillience)'이라는 말이 있다. 어떠한 불행이나 위기에서 그것을 극복하게 해주는 힘이다. 회복탄력성이 높은 사람이 인생에서 성공을 거둔다고 여러 연구에서 말하고 있다. 유머는 어떠한 부정적인 상황에서도 이를 긍정적으로 해석하는 데서 나온다. 따라서, 유머있는 사람이 회복탄력성이 높은 것이다. 인생에는 많은 굴곡이 있다. 그러나 그것에서 선택할 수 있는 것은 자신의 마음 상태이다. 유머로 자신을 긍정의 감정 상태로 만들고 이를 타인에게 전파해보자. 그것은 나와 나의 주변을 행복하게 하는 가장 쉬운 방법이다.

뇌 신경은 가소성(Neuro plasticity)이 있다. 좋은 것이든 나쁜 것이든 반복은 뇌에 새로운 변형을 가져온다. 뇌에 유머로 긍정적 감정을 반복하여 각인시켜야 한다. "콩 심은 데 콩 나고 팥 심은 데 팥 난다" 유머로 긍정적 감정을 마음 그릇에 가득 담아두어야 외부 충격이 오면 유머와 긍정적 감정 반응이 튀어 나온다. 이 마음 그릇에 비난과 불평을 담아두면 비난과 불평이 삐져나올 것이다. 유머러스한 긍정의 삶을 살 것인가? 불평과 비난의 삶을 살 것인가? 선택은 당신에게 달렸다.

PART 3

'나강리'로 매력화법을 구사하라

"무엇을 이야기하느냐보다

　　　누가 이야기하느냐가 더 중요하다."

　　　　　- 윈스턴 처칠

'나강리'로

매력화법을 구사하라

세치 혀보다 더 중요한 것을 챙겨라

나강리 씨는 H증권사 리서치센터의 신임연구원이다. 머리 터지도록 공부하고 치열한 취업전선을 넘어 드디어 원하던 증권가에 입성했다. 여의도 고층빌딩숲으로 출근할 때마다 얼마나 뿌듯함을 느꼈는지….

"그래, 이 곳에 내 뼈를 묻으리. 아자아자!"

자신감 백배의 열정으로 무장하고 매시간 열심히 업무에 매진하던 강리 씨. 어느 날 상사의 특명을 받는다.

"강리 씨! 나 미팅이 급하게 잡혔는데 내 대신 방송 좀 하고 오지?"

"네? 방송이요?!"

"뭘, 그리 놀라? 리서치센터 연구원이면 할 줄 알아야 되는 거야. 가서 장중시황 좀 하고 와. 지금 시황 정리해서 방송실로 내려가도록."

"아, 마음의 준비가 안 되었는데….

"본래 첫 방송은 갑자기 해야 제 맛이야! 하하하."

야속한 상사의 웃음소리. 사회란 이런 것인가? 강리 씨는 갑작스런 상황에 당황했지만 평소 자신의 목소리가 괜찮다고 느끼던 터. 자신감으로 무장하고 사내방송실로 내려갔다.

"안녕하세요? 신임연구원 나강리입니다. 점심 맛있게 드셨어요? 첫 방송이라 좀 떨리네요. 그냥 잘 읽으면 되겠죠? 하하하."

당시 H증권사 사내 아나운서였던 필자는 그렇게 강리 씨와 처음 마주했다. 갑작스런 신임연구원의 등장에 다소 당황했지만 방송시간은 지켜야 하므로 큰 모험을 하듯 부딪쳐 볼 수밖에 없었다.

(오후방송 signal)

"사우 여러분, 즐거운 점심시간 되셨나요? H증권 오후방송입니다. 먼저 장중시황을 전해드리겠습니다. 리서치센터 나강리 연구원입니다."

필자의 말을 받은 강리 씨.

"네,장중시황입니다.악재는앞서반영하고호재는둔감한우리증시입니다.1시20분현재코스피지수는상승으로시작해하락후반등중약보

90

합세를보이고있습니다.코스닥지수는지속적강보합세를이어가현재 약0.5%상승중입니다.코스닥에서끼니를해결해야할것같습니다.콜록 콜록!강세를보이고있는금융주들은…."

아뿔싸! 숨이 차올랐다. 분명 에어컨은 시원한 바람을 뿜어주고 있었지만 필자의 등줄기엔 굵직한 식은땀이 흘러내렸다. 강리 씨는 마치 띄어 읽기가 무엇인지 모르는 것처럼 한숨에 자기 할 말을 다 마쳤다. 방송을 마친 강리 씨의 얼굴은 흙빛이었다.

방송 후 방송실과 리서치센터에 여러 통의 전화가 걸려 왔다. 강리 씨의 첫 방송은 마지막 방송이 되고 말았다. 정말 사회는 매몰차게 냉정했다.

"연구원을 뽑을 때 방송능력이 중요하다고 말하지 않았잖아요!"

강리 씨가 항변하고 많은 이들이 동조한다 해도 결과는 뒤집어지지 않는다. 기회는 오직 준비된 자만이 낚아챌 수 있다. 준비하지 못한 자는 기회가 와도 그게 기회인 줄 모르거나, 간혹 강리 씨처럼 기회가 오히려 위기로 변할 수 있다. 천재일우의 기회를 만나 잘 했으면 더 치고 올라갔을 텐데 미리 화법에 관심을 갖고 그런 능력을 갖추지 못한 자신을 탓할 수밖에 없다.

말을 잘한다는 것은 말의 내용도 좋고 이를 상대에게 전달하는 소통의 능력까지 좋다는 의미다.

그런데 우리는 어떤가? 평상시엔 말을 잘하다가도 남들 앞에만 서면 얼어붙어 말을 더듬거나 빨리 해치우듯 내뱉지 않던가? 취업

첫 관문인 서류전형에 어렵게 합격하고도 정작 면접에서 가슴 속에 담고 있는 말을 제대로 전달하지 못해 미끄럼을 타고 땅을 치는 이들이 얼마나 많은가?

우리는 평소에 '말'로 관계를 맺는다. 세상을 살면서 말만큼 중요한 것이 없다. 또한 말은 배우지 않아도 누구나 할 수 있다. 그러다 보니 누구도 말 잘하는 법을 체계적으로 배워 본 적이 없다. 참으로 안타까운 현실이다.

주변에는 뛰어난 스펙을 갖췄음에도 자신의 생각을 제대로 표현하지 못해 과소평가되는 사람들이 많다. 지금 이 순간에도 면접장에만 가면 무슨 말을 할지 몰라 쩔쩔 매다가 자신의 능력을 펼칠 기회조차 잡지 못하는 이들이 얼마나 많은가?

어디 그뿐인가? 어렵사리 회사에 취직을 했더라도 무슨 발표라도 맡게 되면 긴장의 연속으로 애를 태우다 당일 날이 되면 배가 살살 아프고 식은땀이 난다며 발표에 대한 두려움을 호소하는 이들이 부지기수다.

왜 이래야 하는가? 우리는 왜 누구나 다 하는 말을 하면서 막상 발표만 하려고 하면 이리 겁을 내고 힘들어 해야 하는가?

세 치 혀를 조심하라는 옛말이 있다. 그만큼 말의 중요성을 강조하는 말이다. 말을 잘하면 성공할 수 있지만 한 마디라도 실수를 한 순간에는 나락으로 떨어질 수가 있다.

하지만 필자는 이 말은 바뀌어야 한다고 생각한다. 사람의 말은 세 치 혀로만 이뤄지는 것이 아니라 그보다 더 중요한 것들로 표현

되기 때문이다.

말에서 중요한 것은 말의 내용만이 아니다. 따라서 말을 할 때는 세 치 혀보다 더 중요한 것을 챙겨야 한다.

"내가 일등이야?!"

이 한 마디에도 얼마나 많은 뜻을 담을 수 있는가? 내가 정말 일등인지 궁금해 물어보는 것일 수 있고, 세상에 내가 정말 일등을 하다니 감탄하는 뜻일 수 있고, 내가 일등이라고 뽐내는 의사표현일 수 있고, 면접시험 보러 갔는데 내 순서가 일등인 걸 알고 당황하는 한탄의 소리일 수도 있다.

글로 쓸 때는 상황표현을 해주거나 느낌표(!), 물음표(?) 등 각종 문장부호로 표현하면서 뜻을 달리 할 수 있다. 하지만 말로 표현할 때는 어떻게 해야 하는가? 적절한 표정과 몸짓, 아울러 상황에 맞는 혀의 높낮이, 또는 혀의 놀림에 신경을 써야 한다. 즉 어떻게 혀를 잘 통솔해 감정을 적절히 표현하느냐가 관건인 것이다.

이제 더 이상 '말'을 습관에만 맡길 수 없다. 이제는 본격적으로 말하는 법을 배워야 한다. 누구나 다 하는 말이지만 누구나 쉽게 할 수 있는 말이 아니다. 최첨단 정보화 사회가 되면서 고급 정보를 가진 능력 있는 인재들이 넘쳐나고 있다. 문제는 이 능력을 어떻게 드러내서 활용하느냐가 중요하다.

지금은 '말' 잘하는 능력이 그 어느 때보다 중요한 시대로 접어

들었다. 자기PR의 시대에 '말' 잘하는 능력은 최고의 자산이다.

소모임에서 자기소개를 할 때나 매장에서 고객에게 상품을 소개할 때, 외부 업체와 미팅할 때, 회사에서 프리젠테이션을 할 때, 나아가 바이어와 만나 계약을 체결해야 할 때 어떤 사람이 가장 능력 있는 사람으로 성공의 가도를 달릴 수 있겠는가?

어느 날 랍비가 자기 하인에게 시장에 가서 맛있는 음식을 골라 사오라고 시켰다. 그랬더니 하인은 혀를 사왔다. 며칠 뒤 랍비는 또 하인에게 오늘은 좀 값이 싼 음식으로 사오라고 명했다. 그런데 하인은 또 혀를 사왔다.

랍비는 언짢아 그 까닭을 물었다.

"며칠 전 맛있는 것을 사오라 했을 때도 혀를 사왔는데, 오늘은 싼 음식을 사오라고 했는데 어째서 또 혀를 사왔느냐?"

그러자 하인은 이렇게 대답했다.

"좋은 것으로 치면 혀만큼 좋은 게 없고, 나쁜 것으로 치면 혀만큼 나쁜 것이 없기 때문입니다."

세 치 혀 자체만으로 좋고 나쁨을 따지는 것이 아니다. 문제는 그 것을 사용하는 주인의 능력이다. 사람들이 말을 할 때 혀에만 신경을 쓴다면 그것은 동물과 다름이 없다. 하고 싶은 대로 내뱉으면 그 뿐이기 때문이다.

하지만 인간의 말은 세 치 혀로만 이뤄지지 않는다. 중요한 것은 그 혀를 다루는 주인의 마음가짐이다.

상대의 마음을 움직이고 싶다면
세 치 혀보다 더 중요한 것이 있다는 것을 알고
그것을 챙길 줄 알아야 한다.

똑같은 사과라도 노상에서 검은 봉지에 담겨나가면 오천 원짜리 취급을 받지만, 백화점 진열대에 색한지 받침 삼아 금테 두른 상자에 담겨 있으면 수만 원짜리로 대접 받을 수 있다.

세 치 혀도 마찬가지다. 어떻게 다듬고 어떻게 포장하느냐에 따라 주인의 품격과 가치를 높일 수 있다. 누구나 하는 말이라고 그냥 나오는 말로는 나의 매력과 가치를 높일 수 없다.

'멋진 말이니까 다들 잘 알아들었겠지?'

오산이다. 잘 전달하지 않으면 못 알아듣는다. 설령 물 흐르듯 빈틈없이 전달한다 해도 매력이 더해지지 않으면 마음을 움직이기 어렵다.

말을 잘 하고 싶다면, 상대의 마음을 움직이고 싶다면, 세 치 혀보다 먼저 더 중요한 것이 있다는 것을 알고 그것을 챙길 줄 알아야 한다.

매력화법, 지상에서 가장 아름다운 배려다

지하철이나 버스 안에서 혹은 커피숍에서 누군가를 기다리는 중이라면 한번쯤 눈을 감아 보자.

눈을 감으면 사람들의 목소리가 더 잘 들린다. 음색은 좋은데 말투가 거친 사람, 따발총처럼 쉼 없이 자기 얘기만 하는 사람, 상대방의 이야기를 들으며 맞장구 칠 뿐인데 말에 따스함이 가득한 사람….

잠시 듣고 있노라면 자연스레 귀가 끌리는 목소리가 있다. 그의 목소리는 극히 평범하지만 말투는 차분하면서도 신뢰감 있고 그러면서도 생기가 있다. 그 끌림에 눈을 떠서 그 사람을 봤을 때 예상한 대로 멋진 외모를 가지고 있기도 하고 때론 예상치 못한 외모에 흠칫 놀라기도 한다. 그런데 참 신기하다. 예상 밖의 외모에 실망하려던 찰나 그 사람의 말투가 점수를 다시 끌어올리기 시작한다.

"저 사람은 말을 참 예쁘게 해."
"저 사람은 말을 참 잘해."
'말'을 하며 더불어 살아가는 우리네 인생에서 굉장한 칭찬이며 경쟁력이다.

필자는 증권회사의 사내 아나운서로 수년간 근무하며 종종 임원진 회의에 참석했다. 중요내용을 요약 메모하거나 육성을 그대로 녹음하여 직원들에게 방송하기 위해서다.

당시 필자는 20대 중반. 대체로 나이 지긋하신 분들과 3~4시간 마주앉아 있는 것은 고문이었다. 영업성과가 좋거나 나쁘거나 회의 분위기는 매번 무거웠다. 종종 높은 언성이 터져 나오곤 했다. 임원으로서 회사를 책임져야 하는 이들의 고충을 지켜보며 사회 초년생의 마음은 자꾸 작아지곤 했다.

그런데 수년에 걸쳐 그런 자리를 함께 하다 보니 내공이 쌓이기 시작했다. 회의 분위기와 관계없이 임원진 각각의 성향을 분석하기 시작한 것이다.

'아, 저 분은 참 말씀을 잘하시네! 조만간 승진하시겠네.'

직업병이라고 할까? 회의에서 말을 잘 하는 분을 보고 이렇게 예측하면 어김없이 맞아 떨어지곤 했다. 실제로 그 분의 승진 소식을 들었을 때 속으로 쾌재를 부르곤 했다.

필자는 공대출신인데다 아나운서로 입사했기에 경제, 경영 전문가들의 회의 내용은 결코 쉽지도 재밌지도 않았다. 단지 내 귀에 잘 들리는 말인지, 말하는 분의 표정은 어떠한지로 판단했을 뿐이다. 그런데 '자리 깔고 나가야 되나?' 할 정도로 직감이 적중한 것이다.

당시 가장 기억에 남는 분은 모 지방영업점장이다. 말에 여유를 가지고 웃음을 띤 얼굴로 어찌나 차분하게 말을 잘하는지…. 가끔 메모를 보기도 했지만 대체로 청중을 바라보았다. 말에 쉼을 주었고 가끔씩은 자세를 고쳐 앉으며 기분 좋은 억양을 싣기도 했다. 참 신기한 건 목소리가 특별히 좋지만은 않았다. 중저음의 한석규가 아닌 지극히 평범한 40대 아저씨 목소리였다. 그때까지 목소리의 중요성에만 매달려 있던 필자는 뒤통수를 맞는 기분이었다.

'아, 목소리만이 아니라 더 중요한 것이 있구나!'

필자는 그때부터 말을 잘 하기 위해서는 목소리만이 아니라 그것을 잘 다루는 스킬이 얼마나 중요한가를 느끼기 시작했다.

그 분의 말을 메모하는 귀는 즐거웠고 그 분에게 저절로 호감이 생겼다. 내용을 떠나서 굉장히 신뢰감 있고 열정이 있으며 온화한 리더십을 갖춘 사람으로 보였다. 사람이 느끼는 감정은 다들 비슷하지 않던가. 그 분은 바로 얼마 후에 본사 상무로 승진했다.

사내방송은 우수 영업점의 사례를 인터뷰해서 주1회 본사와 전국 지점에 방송한다. 지점에서 특별히 강조하는 점은 무엇인가? 성공적인 고객응대 사례에는 어떤 것이 있는가? 앞으로의 계획은 무엇인가? 등등.

사전에 인터뷰할 내용을 보내 답을 구상하게 한다. 그리고 협의된 대본으로 지점장과 인터뷰를 녹음해 방송한다.

이때 지점장의 스피치 역량에 따라 방송의 질이 널뛰기를 한다. 어떤 분은 대본이 책인 양 지루하게 쭉 읽어 내린다. 당연히 사람들은 이 영업점이 우수 영업점인지 그 지점장이 누구인지 아무도 관심을 갖지 않는다.

어느 날 A영업점 지점장과 인터뷰를 진행하는데 대박예감이 들었다. 또박또박 말하면서 적절하게 쉼을 주고 중요 부분은 강약을 주었다. 거기에 감성까지 더해 중간 중간 웃음으로 여유까지 담아 말하는 게 아닌가?

그 날 방송은 전국 직원들의 귀에 쏙쏙 들어갔고 그 영업점은 유명해졌다. 인기에 편승해서 인터뷰 2탄이 기획됐을 정도다. 그리고 얼마 후 그 분 또한 영업점장에서 본사 임원으로 승진했다.

말을 전달하는 능력, 즉 화법의 힘은 막강하다. 말을 잘 못해서 손해를 보거나 언제나 그 자리인 사람이 있다. 이에 반해 말을 잘 해서 한 순간에 쾌속질주를 하는 사람이 있다. 어느 쪽으로 설 것인가? 선택은 자신에게 달려 있다.

여기에서 가장 중요한 것은 말 잘하는 이들은 한결 같이 자기 입장이 아니라 상대의 입장을 배려하며 말을 한다는 것이다. 그러니까 사람들이 좋아하고 마치 향기를 풍기는 꽃을 향해 벌과 나비가 모여들듯이 그 사람 주변으로 사람들이 모여들기 시작하는 것이다.

'꽃은 유혹? 지상에서 가장 아름다운 배려.'

-김용규의 '숲에게 길을 묻다' 중에서

성공하려면 꽃처럼 누군가를 유혹할 수 있는 치명적인 매력을 지녀야 한다. 우리는 '말'로 소통을 해야 하는 존재이기에 말에서 풍기는 향기보다 더 중요한 것도 없다.

따라서 김용규 시인의 시구를 이렇게 살짝 바꿔 본다. 시인이 이 글을 본다면 직업병을 발산하는 필자의 애교쯤으로 받아 줄 것이라 믿으며….

'매력화법? 그것은 지상에서 가장 아름다운 배려.'

[나:강:리] 데일리 스피치에 주목하라

"방송 이후 상사들 눈초리가 따갑습니다. 다른 업무능력과도 연관 지어 보는 것 같아요. 회의 중 제가 말을 하면 이맛살을 찌푸리기도 해요. 그러다 보니 자꾸 말하기가 두렵고 자신감도 떨어집니다. 말을 전달력 있게 잘 하고 싶습니다. 제가 어떻게 해야 할까요?"

첫 방송을 마지막 방송으로 장식했던 나강리 씨, 한 달 여가 지난 후 필자를 찾아 왔다. 필자는 그를 보는 순간 너무나 반가웠다. 필자는 20대 중반이었지만 경험상 실패에 대처하는 사람들의 두 가지 성향을 잘 알고 있었다. 아예 자포자기하거나, 부족한 것을 채우며 두 번 다시 실패하지 않는 방법을 배우던가.

필자는 나강리 씨가 후자의 경우이기를 간절히 바랐다. 그래서 보자마자 그가 실패를 거울삼아 성공의 길로 도약할 수 있도록 함께 하기로 마음을 먹었다. 나강리 씨의 의지가 중요했다.

단순히 말을 잘하는 것에 그치는 것이 아니라 호감 있는 목소리까지 갖추려면 복식호흡과 발성, 발음연습을 부단히 해 나가야 한다. 하지만 방송을 꿈꾸는 이에게도 힘든 과정을 본업에 충실하면서 틈틈이 하기에는 부담스럽다.

그래서 나강리 씨가 쉽게 따라 올 수 있는 '나강리 데일리 스피치'를 제시했다.

예상했겠지만 나강리 씨의 이름은 본명이 아니다. 필자가 그에게 붙여준 이름이다.

옛 어른들은 아이가 태어나서 자랄 때까지 필요한 덕목을 키워주기 위해 이름을 달리 했다. 뱃속에 있을 때와 어릴 때, 호와 본명을 달리하며 그 이름을 수양의 기본으로 삼았다. 특히 불가에서는 제자가 오면 그 사람에게 꼭 필요한 덕목을 강조하기 위해 바로 그것을 이름으로 삼아 수시로 되뇌게 만들었다. 일종의 화두와 같은 것이다. 자신의 이름을 수없이 각인하며 저절로 이름에서 추구하는 덕목을 스스로 갖춰 나가게 만드는 방법이다.

필자도 이 방법에 착안해서 스피치 지도를 받으러 온 이에게 '나강리'라는 이름을 선물했다. 매번 말할 때마다 '나강리'를 의식하는 습관을 들이도록 한 것이다.

'나강리-나누자, 강조하자, 리듬을 타자.'

이제 여러분도 말을 잘 하고 싶다면 스스로를 '나강리'라 이름 지어 보자. 그리고 필자와 함께 했던 나강리 1호를 그대로 따라해 보자.

어느 새 '나강리' 매력화법의 소유자가 되어가는 자신의 모습을 보게 될 것이다.

1. 나강리의 나! 나누자!

"강리 씨, 사과 좋아하세요?"

"그럼요. 아침사과가 보약이라잖아요. 꼭 챙겨 먹습니다."

"사과를 나누지 않으면 혼자 먹지만 반으로 나누면 둘이 먹을 수 있죠. 그 반을 또 나누면 네 사람이 먹을 수 있고요. 말도 마찬가지예요. 나누지 않으면 나 혼자만 아는 거예요. 다른 사람을 위한 말을 하기 위해선 먼저 나눠야 합니다. 즉 문장을 나눠 읽어야 한다는 얘기입니다."

콩 한쪽도 나눠 먹으면 마음이 따뜻해진다. 상대방과 감정을 공유하게 된다는 말인데 말도 나눠 해야 비로소 들리는 말이 된다.

"듣기는 속히 하고 말하기는 더디 하라."

매우 중요한 말이다. 말할 때는 입에서 나오는 대로 조급하게 하지 말고 천천히 더디 말하는 연습을 해보자. 잘 들리게 나누어 말하자. 기본적인 의사전달이 된 후에야 신뢰감과 매력, 설득력을 더할 수 있다는 사실을 꼭 기억하길 바란다.

나눠 읽는 연습은 자신을 위해서도 꼭 해야 한다. 십수 년의 경력을 가진 유명 아나운서도 지우고 싶은 과거가 있다고 말한다.

"대통령이 참석한 행사에 사회를 봐 달라는 의뢰를 받았어요. 날아갈 것 같더라구요. 그래, 이제 내 진가를 알릴 때가 왔구나. 내 인생에 획을 긋는 역사적인 날이 될 거야. 생각하고 철저하게 준비했죠. 그런데 아뿔싸! 막상 무대에 올랐는데 머릿속이 하얀 거예요. 물론 행사는 엉망이 되었죠. 제일 못한 역사적인 날이었답니다."

발표 전 긴장과 떨림, 일명 '발표불안증'은 일반인뿐만 아니라 전문가도 결코 피할 수 없다. 많은 사람들 앞에서의 발표는 물론이고 소모임에서 자기소개조차도 부담스러워 하며 긴장과 떨림을 호소한다. 그리고 그 떨림은 발표 시작과 동시에 말의 빠른 속도로 표현된다. 말이 빠르니 발음 또한 잘 될 리 없다. 말이 빠르니 내용이 풍부해질 수가 없다. 더 안타까운 건 처음을 잘 못 풀어 가면 끝까지

원하는 대로 말하지 못하는 경우가 많다는 것이다.

필자 또한 말을 하는 여러 가지 일을 해왔지만 항상 남들 앞에 설 때 긴장 속에 평소보다 말이 빨라지기 일쑤였다. 그래서 이를 이겨 내기 위해 여러 가지 시도를 해보았는데 효과를 본 방법이 바로 '나누자'이다.

의도적으로 '말을 나누며 천천히' 하는 것이다. 긴장될수록 '말을 나누며 천천히'를 생각하며 평소보다 느린 속도로 말을 했더니 긴장감이 줄어들면서 말을 잘 풀어 나갈 수 있었다.

떨리는 순간마다 '말을 나누며 천천히'를 떠올리자. 의도적으로 느리게 말해보자. 필자뿐만 아니라 필자가 조언했던 많은 이들이 효과를 본 방법이다.

단, 어느 정도 안정된 후에는 말의 속도를 잘 조절해가며 나눠 말해야 한다는 것을 유념하자.

필자는 강리 씨에게 먼저 자신이 말하고자 하는 내용을 글로 옮겨 표시를 하고 나눠 읽는 연습을 하게 했다. 연습할 때는 과하지도 덜하지도 않은 속도, 방송으로 보면 아나운서의 뉴스 속도로 하는 것이 좋다.

이제부터 독자 여러분도 강리 씨가 되어 그대로 따라 해보자.

"안녕하십니까?// 나/ 강/ 리/ 신임 연구원입니다.// 오늘부터/ 나강리 화법을 적용해/ 말하는 습관을/ 들일 것입니다.// 달라지는 제 모습//

기대해주시기 바랍니다."

이번엔 모임에서의 첫인사를 천천히 나눠 읽는 연습을 해보자.

"안녕하세요/ 반갑습니다./ ○○○입니다.// 오늘 이 곳이 처음이라/
긴장을 많이 했는데요/ 다들/ 친근하게 반겨주셔서/ 정말 감사합니
다.// 오늘 만남을 계기로/ 앞으로/ 소중한 시간을 함께 하는/ 좋은/ 관
계가/ 되었으면 합니다.// 감사합니다."

나눠 읽는 연습을 반복하다 보니 말에 여유가 생겼다. 그리고 자
연스레 마음의 여유도 생겨났다. 물론 전달 내용과 대화 상대, 발표
상황에 따라 말의 속도를 빨리 하여 설득력을 높이기도 하고 열정
을 더하기도 한다. 나누어 읽는 연습은 느리게 읽는 것이 아닌 말에
정성을 다한다는 의미로 받아들이길 바란다.

이번엔 다른 관점의 나누기이다. 우리말은 어디서 나누냐에 따라
의미가 달라지는 경우가 많다. 그로 인해 오해가 빚어지는 경우도
종종 있다.

"아줌마파마돼요?"
이 글만 보면 '뽀글뽀글 아줌마 파마가 되냐?' 고 묻는 건지, 아줌
마를 부르며 '파마 되냐?' 고 묻는 건지 의미가 모호하다.

"공사다망하신 줄/ 사료되오나."
"공사/ 다/ 망하신 줄/ 사료되오나."

"그/ 새끼/ 고양이를 잘/ 키워야 할 텐데."
"그새끼/ 고양이를/ 잘/ 키워야 할 텐데."

나눠 읽으면 의미 전달이 분명해진다. 그리고 연습할수록 발음이 좀 더 정확해지는 걸 느낄 수 있다. 나눠 읽기의 상승효과는 어마어마하다.

2. 나강리의 강! 강조하자!

나눠 읽기가 어느 정도 되면 중요 어구를 강조해야 한다. 강조기법이 더해지면 신뢰감까지 상승한다. 나강리의 강, 강조를 익히자.

"강리 씨! 사랑고백 해 보셨어요?"
"아, 아뇨. 아직…."
"그럼, 드라마에서 사랑 고백하는 장면을 떠올려 보세요."
마침 강리 씨는 드라마 '별에서 온 그대'를 본방사수하며 재밌게 본 적이 있다. 여주인공 천송이는 오피스텔 발코니로 도민준을 불러내 사랑 고백을 한다.

"난 늘/ 곱씹히던 여자야. // 나의 공항패션,/ 내가 바른 립스

틱,/ 내 빛나는 머릿결,/ 늘/ 사람들한테/ 곱씹히던 난데, V
내가 왜 V 그쪽이 했던 말을,/ 내가 왜 그쪽을,/ 그 쪽이 했던
키스,// 아,// 나 미친 건가?// 나 V 여자로 어때?"
(V표시는 찰나의 쉼으로 긴장감을 더하고 컬러 부분은 오히려 더 작게 말한다.)

　　천송이는 다소 긴 대사를 잘 나눠 말하고 중간 중간 어조의 변화
와 쉼을 주면서 사랑고백을 했다. 만약 이 대사를 똑같은 톤으로 말
했다면 어땠을까? 단어마다 크고 강하게 말했으면 자칫 공격적인
느낌이 들었을 것이다. 반면 시종일관 나지막하고 조용한 톤으로만
말했다면 마음에 와 닿는 고백이 되었을까? 천송이는 강약을 대비
시키는 최상의 화법을 구사했다.

　　사람들은 '강조한다'고 하면 큰 소리로 강하게 말하는 것을 생
각한다. 하지만 그게 다는 아니다. 진정성 있게 대사를 전달하기 위
해, 시청자를 몰입시키기 위해 끝없이 연습한 배우의 연기를 잘 보
자. 특히 남녀 간의 대화나 사랑 고백 장면을 눈여겨보는 게 좋다.
　　그들은 몰아쳐서 말하지 않는다. 정말 강조할 부분에서는 오히려
작은 소리로 말한다. 나눠 읽으며 문장 연결부에서 쉼을 주기도 하
지만 중요한 단어 앞에서 잠시 쉼을 준다. 마치 폭풍전야의 고요함
처럼. 이게 '나강리'에서 말하는 바로 그 '강조'다.
　　이제 천송이의 대사를 다시 보고 표시대로 직접 말해보자. 강과
약을 대비시켜 읽는 연습을 해 보자. 강조한다고 계속 열변을 토해
내는 것보다 감정을 절제한 채 때론 강하게 때론 낮고 조용한 톤으

로 이야기하는 것이 훨씬 더 힘 있게 다가올 때가 있다.

다소 냉소적인 말투의 도민준도 마찬가지다. 기자가 천송이의 차를 고의로 들이받고 나오라고 위협할 때 법정대리인으로 나타난 도민준은 이렇게 말한다.

"내리기 싫다는 이에게/ 계속해/ 내리라고 언성을 높인다거나/ 위협적인 행동을 한 건 V 형법 제283조 V 협박죄에 해당됩니다.// 3년 이하의 징역/ 500만 원 이하의 벌금,/ 구류, 과료에 처하도록 되어 있죠.// 지금 이런 상황이라면/ V 현행범으로/ 처벌 가능합니다.// 경찰 V 부를까요?"
(V표시는 찰나의 쉼으로 긴장감을 더하고 컬러 부분은 오히려 더 작게 말한다.)

그리고 차에서 내린 천송이에게 던지는 도민준의 낮고 조용하지만 신뢰감이 무한히 느껴지는 한마디.

"잘못이/ 있을 때만 숨어. V 아무 때나 숨지 말고."

도민준의 대사는 '나누고 강조하기'의 정석을 보여준다. 천천히 여유를 가지고 나눠 말하며 중요한 단어에 강약을 주는 매력, 무엇보다 강조하는 말 앞에 쉼을 주어 신뢰도를 최상으로 이끄는 화술, 강리 씨는 다시 한 번 그의 대사가 옮겨진 글을 보며 따라 하기 시작한다.

3. 나강리의 리! 리듬을 타자!

나눠서 말이 들리게 하고, 강조해서 신뢰감을 높였다면 이제 나 강리의 리, 리듬을 타서 감성을 자극해야 한다.

"강리 씨, 이거 한번 읽어보실래요?"
"여러분, 부~자 되세요."
"잘 자~~ 내 꿈 꿔~~."
"나 소화 다 됐어요~~. 하하하…. 갑자기 이런 걸 왜?"

강리 씨에게 지나간 유행어를 따라하도록 했다. 그리고 핵심을 짚어 주었다.

"자, 어때요. 굉장히 오래 전에 유행했던 말들인데 지금까지도 그 억양을 기억하시잖아요. 왜 그럴까요?"

"……?"

"그건 말이 평평하지 않고 부드럽게 오르락내리락 해서 귀에 쏙 쏙 들어오기 때문이에요."

유행은 곧 대중을 매혹시켰단 말이다. 그 비결은 무엇인가? 바로 말에 물결, 즉 자신만의 리듬을 갖고 있기 때문이다. 리듬을 타는 말은 듣는 이의 감성을 자극해서 오래 기억에 남게 한다.

필자는 인터넷쇼핑TV, T커머스 홈쇼핑의 쇼호스트와 GS, CJ홈 쇼핑의 게스트로 방송활동을 했다. 시청자를 구매자로 만들기 위한 치열한 전투라 할 수 있기에 현장의 긴장감은 그 어느 방송과 비할 수 없다. 하지만, 쇼호스트와 게스트의 말투는 한없이 매력적이다. 그들은 결코 "사세요! 사세요!" 외치지 않는다.

"보이시나요? 보기 싫은 홍조와 잡티, 어디로 사라졌죠? 그냥 톡톡 두 드렸을 뿐인데 내 피부의 결점을 싹 가려줍니다. 마법 같죠? 두껍게 발 리지도 않고 얇게 톡톡톡. 끝이에요. 근데 내 얼굴은 마치 실크처럼 각 도에 따라 고급스럽게 빛이 나죠."
"인기가 많을 수밖에 없어요. 그 입소문을 탔던 제품을 처음으로 런칭 해보여 드리는 특별한 방송. 특별한 구성과 함께 하고 계십니다."

단조로움을 피해서 변화를 주는 게 리듬이다. 저음이든 고음이든 물결리듬을 자꾸 주는 게 중요하다. 강조에서 연습했던 강약의 대 비를 칼처럼 자르지 말고 부드럽게 이어가는 느낌으로 해야 한다. 여기서 포인트는 웃는 얼굴이다.

'웃는 얼굴로 화난 목소리를 낼 수 없다.'

매우 중요한 사실이다. 독자 여러분도 한번 따라 해보자.
"내가 하지 말라 그랬지!"
화성인 몇 명을 제외하고는 되지 않는다.
아기는 계단에서 굴러도 심하게 다치는 경우가 드물다고 한다. 몸에서 힘을 뺐기 때문이다. 사람은 이렇게 힘이 들어가 있지 않을 때에 최대의 능력을 발휘한다.

몸 어딘가에 힘이 들어가 있으면 제대로 웃을 수 없다. 몸에 힘을 빼고 웃자. 많이 웃자. 웃음을 띤 목소리로 인사부터 리듬을 타자.

"안녕하세요? 다강리입니다. 선선한 공기가 꽤 기분 좋게 느껴지는 저녁인데요. 이런 날 이렇게 멋진 분들과 식사하게 되어 무척 영광입니다."

우리가 사회생활을 하면서 가장 많이 하게 되는 게 인사다. 인사말에만 리듬을 넣어 말해도 굉장히 밝고 매력적인 사람으로 기억될 수 있다.

"안녕하세요. 반갑습니다. 처음 뵙겠습니다. 감사합니다. 안녕히 가세요. 또 뵙겠습니다."

처음에는 어미 끝부분만이라도 가볍게 올리고 내리는 연습부터 해보자.

"고객님, 어떤 물건 찾으시나요? 이 쪽으로 오십시오. 제가 안내해드리겠습니다."

워터파크의 미끄럼틀은 두 가지 종류다. 직선 아니면 굴곡. 항상 더 긴 줄을 기다려야 되는 건 굴곡 있는 회오리 미끄럼틀이다. 훨씬 더 스릴 넘치고 재미나기 때문이다.

내 말에 매력을 만들기 위해 변화를 줘 보자. 부드럽게 리듬을 타 보자.

"만약 어떤 사람이 큰북을 1초마다 한 번씩 똑같은 세기로 치면 어떻게 될까? 5분만 들으면 지루하고 짜증스러울 것이다. 그러나 똑같은 북이라도 세게 세 번 여리게 두 번 치며 강약을 주고 길고 짧은 리듬까지 더하면 장단이 된다. 선율이 없는 북소리만으로도 사람들은 어깨를 들썩이며 춤을 출 것이다."

-김미경의 '아트스피치' 중에서

4. 매일 화장을 하듯 내 말에도 화장을 하자

[나강리 데일리 스피치]는 속성과정이다. 목소리 자체를 바꾸는 건 쉽지 않은 일이니 본래 목소리를 기본으로 매력을 높이는 노력을 하게 만드는 프로그램이다.

나쁜 피부를 좋게 하기 위해서는 굉장히 오랜 시간이 걸린다. 마사지와 팩을 하고 피부과 시술을 받고 약을 먹고 바르기까지 한다. 그렇다고 피부가 완벽하게 좋아질 때까지 화장을 안 하는가? 아니 우리는 좀 더 예쁘고 매력적으로 보이기 위해 매일 화장을 한다.

제2의 얼굴인 목소리에도 매일 화장을 해보자. 그 상승효과는 어마어마할 것이다.

필자는 다양한 방송일을 하면서 목소리에 대해 조언을 구하는 사람들을 많이 만났다. 그러나 호흡과 발성, 발음 연습을 해야 된다고 그러면 그냥 웃으며 발을 **뺀다**. 관심은 있지만 막상 몰두하기엔 힘들다는 반응이다. 그래서 이 분들에게 평상시에 노력할 수 있는 방법을 알려주었더니 그렇게 해 보겠다며 환호했다.

'나:강:리'를 기억하자.

'나누자. 강조하자. 리듬을 타자.'

일상의 대화나 발표할 때, 설명하는 자리든 설득하는 자리든 이 세 가지를 꼭 유념하면서 말해 보자. 떨림과 긴장 속에 나를 다스릴 수 있는 주문으로 외워 보길 권한다.

"나는 강리다. 나는 강리다."

스스로 자신을 나강리로 정하고 이 말을 되뇌면서 말을 해보자. 발표 초반에 내 페이스를 찾는데도 도움이 될 뿐만 아니라 훨씬 더 신뢰감 있고 설득력 있는 말을 할 수 있다.

나누는 게 부족하면 무관심을 받고

강조하는 게 부족하면 신뢰를 잃고

리듬이 부족하면 호감을 얻지 못한다.

신임연구원 '나강리' 씨, 그는 나강리 화법으로 다시 얻은 시황 방송의 기회를 놓치지 않았다.

전화위복이라고 할까? 그는 실패를 경험 삼아 매력화법을 갖춰 마침내 리서치센터 방송담당 연구원으로 자리를 잡았다. 나강리 1호답게 팀에서 꼭 필요한 재원으로 자신의 가치를 상승시켰다.

TIP. 나강리 데일리 스피치 키포인트

1. 나강리의 나! 나누자!
2. 나강리의 강! 강조하자!
3. 나강리의 리! 리듬을 타자!
4. 매일 화장을 하듯 내 말에도 화장을 하자

필사? 아니, 필음하라

필자는 가수 신승훈 씨를 좋아한다. 학창시절 그의 노래에 푹 빠져 지냈다. 그는 모창 실력이 좋아서 가수 8인의 모창을 완벽하리만큼 소화하는 능력도 있다.

"모창은 개인기가 아니라 그 사람의 창법을 연구하는 것이에요. 그 가수가 어떤 발성으로 어떤 노래로 사랑받는지 연구하고 싶어 발성을 흉내 내었고 그것이 모창이 된 것입니다."

발라드의 황제라고 불리는 그도 그 자리에 오르기까지 수많은 선배가수를 모창했다는 것이다.

글을 잘 쓰려면 잘 쓴 글을 필사해야 한다. 요리를 잘하려면 유명

요리사의 레시피를 자꾸 따라해 봐야 하고 춤을 잘 추려면 유명댄서의 춤을 따라해 봐야 한다. 그림을 잘 그리려면 좋은 그림을 베껴 그리는 연습을 수없이 해야 한다.

말하기도 마찬가지다. 정말 말을 잘 하고 싶다면 말 잘하는 아나운서, 쇼호스트, MC, 리포터, 기상캐스터의 말투와 목소리를 따라해야 한다. 즉 필음해야 한다. 그들이 그 자리에 오른 것은 저절로 된 것이 아니다. 그들은 목소리를 가꾸기 위해 끊임없이 노력하고 전달력 있는 말을 하기 위해 심혈을 기울인다.

말을 잘 하고 싶다면 먼저 따라 해 보자. 어디서 나누고, 강조하는지, 또 어떻게 리듬을 타는지 귀담아 들으면서 따라해 보자.

"강리 씨 핸드폰에 녹음기능 있으시죠?"

"아……. 네!"

"강리 씨, 오늘 아홉시 뉴스를 아나운서처럼 따라 연습해 보고 그걸 녹음해 오세요. 숙제입니다."

강리 씨에게 숙제를 내주었다.

'내 목소리를 녹음하라고?'

강리 씨로서는 생전 처음이다. 인터넷에서 뉴스기사를 찾은 강리 씨는 목소리를 가다듬고 읽어 보았다.

'음…. 이 정도면 괜찮겠지?'

그리고 녹음한 자신의 목소리를 들어보았다.

'뭐야, 이거? 왜 이렇게 못하는 거지? 으…. 말에 힘도 없고 왜 이리 더듬거리는 게 많은 거야? 여긴 왜 이리 빨리 읽은 거지?'

강리 씨는 녹음된 자신의 목소리를 들으며 한없이 작아졌다. 자신의 목소리가 아닌 것만 같았고 거슬리는 부분이 너무 많아 가슴이 답답해져왔다.

사람은 자기 목소리에 너무 관대하다. 그래서 자신의 목소리는 부드럽고 누구나 들어 줄만하다고 생각한다. 하지만 어쩔 것인가? 녹음된 말이 자신의 목소리이고, 타인은 그 목소리를 듣고 나를 평가하는 것이다. 따라서 내가 녹음된 목소리를 들어 줄 수 없다면 평생 그 목소리를 들어야 하는 주변 사람들의 고통을 생각해 봐야 한다. 그들을 위해서라도 매력적인 목소리를 갖기 위해 노력해야 한다.

물레방아가 빻을 곡식이 있건 없건 계속 돌아가며 방아질을 하듯이 다양한 멘트를 끊임없이 필음하자. 비슷하게 발전하는 나를 만날 수 있을 것이다.

"시간 나면 할게요."
이것은 말이 안 된다. 시간이 나면 할 일이 아니라 애써 시간을 내서 해야 할 만한 가치가 있는 일이다.

당장 지금부터 다양한 멘트를 찾아 말하는 연습을 하고 녹음해 보자. 그리고 들어보자. 매력적인 스피치를 하기 위해서는 먼저 자꾸만 자신의 소리를 꺼내는데 익숙해져야 한다.

'서로에게 섣부른 충고를 건넬 수 없었다. 회사를 들어오고 1년, 우리는 충분히 알 수 있었다. 시련은 self(셀프)라는 것을.'

tvN 드라마 '미생' 중에서

시련이 셀프라면 극복도 셀프로 해야 한다.

다음의 예문을 녹음해 들어 보는 것으로 꼭 시작을 열어 보길 바란다. 그리고 '나강리 데일리 스피치'를 적용해 소리 내어 반복 연습해보자. 평지만을 보는 아마추어와 골짜기와 봉우리까지 보는 프로의 차이는 여기서부터 시작된다.

〔뉴스 대본〕

요즘 같은 경기 침체에도 중국인 관광객이 몰리면서 면세점만큼은 큰 호황을 누리고 있습니다. 이 때문에 면세점 사업자를 새로 선정하는 과정에 대기업을 비롯해 많은 업체들이 대거 뛰어들었습니다. 인천공항공사가 진행하는 이번 입찰 대상 구역은 인천공항 여객터미널 3층과 탑승동 78개 매장입니다. 인천공항공사는 이곳을 모두 12개 구역으로 나눠 입찰을 진행하고 있습니다.

117

좋은 목소리의 힘

지금까지 본연의 목소리에 매력을 더하는 '나강리 데일리 스피치'와 함께 했다. 매력화법에 공감하고 본인의 목소리를 녹음해 들어본 독자 여러분이라면 아마 이쯤에서 욕심이 날 것이다. 내 목소리를 좀 더 좋게 할 수는 없을까?

물론 좋은 목소리로 말을 잘 못하는 사람도 있다. 반면 말은 일목요연하게 잘 하는데 목소리가 듣기 불편한 사람이 있다. 화법과 목소리가 서로에게 힘을 실어준다면 그야말로 금상첨화라 할 수 있지 않을까?

목소리는 제2의 얼굴이다. 커뮤니케이션 이론에서 중요시 되는 법칙 중에 미국 캘리포니아대 심리학과 교수인 앨버트 메라비언 (Albert Mehrabian)이 발표한 '메라비언의 법칙'이 있다. 이 법칙에서 사람이 상대방으로부터 받는 이미지를 결정하는데 있어 말의 내용은 고작 7%에 불과하다고 한다. 반면 표정이나 태도 등의 시각적 이미지가 55%, 목소리와 말투 등의 청각적 이미지가 무려 38%를 차지한다는 것이다.

당신이 세일즈맨이라면 더 신경을 써야 한다.

분당 4,200만 원 판매신화로 유명한 세일즈의 달인 김효석 박사에 의하면 세일즈맨에게 있어서는 목소리와 말투가 80%, 이미지가 7%, 내용이 13%라고 한다.

세일즈를 위해 만나는 고객의 관심은 세일즈맨이 아니라 상품에 있기 때문에 그 상품을 설명하는 목소리와 말투가 절대적인 영향력을 발휘한다는 것이다.

그럼 어떤 목소리가 좋은 목소리일까?

영화 '명량'에서 배우 최민식 씨는 묵직한 이순신 장군을 연기했다.

"신에게는 아직 12척의 배가 남아 있사옵니다."
"살고자 하면 죽을 것이요. 죽고자 하면 살 것이다."

진심을 담아 굵직하고 울림 있는 목소리를 낸 최민식 씨. 그가 가늘고 쇳소리 긁는 목소리로 말했다면 관객의 공감을 샀을까? 아무리 얼굴이 예쁘고 잘생겨도 목소리가 좋지 못할 때 우리는 소위 '깬다' 라고 표현한다. 그리고 '깬는' 목소리로는 사람들의 공감을 얻기 힘들다.

'밀회' 라는 드라마를 보았는가? 20살 차이 이선재와 오혜원. 이들은 피아노 연탄곡을 함께 연주하며 찌릿한 감정의 교감을 느낀다. 그리고 이선재의 볼을 꼬집으며 오혜원은 '밀회' 최고의 명대사를 날린다.

"이건 특급 칭찬이야!"

촉촉한 목소리가 마치 시처럼 가슴을 치던 이 대사를 잊을 수가 없다.

내로라하는 톱 연예인 중 듣기 거북한 목소리를 가진 사람이 있는가? 한석규, 이선균, 이병헌 씨 등은 일명 목욕탕 목소리로 통한다. 중저음의 울림이 있는 목소리로 대중을 매혹하는 그들에게 목소리는 배우로서 가장 큰 강점일 것이다. 전문가들로부터 가장 좋은 목소리라고 평가받은 이영애 씨를 비롯해 김희애, 수애 씨는 거칠게 없는 맑고 부드러운 음색으로 그들의 연기에 깊이를 더한다. 사람들의 사랑을 받는 톱 연예인은 하나같이 그들의 가치를 높이는 좋은 목소리를 가지고 있다. 그리고 그 목소리의 중심에는 '울림' 이 있다.

목이 아닌 배의 힘을 이용해야 '울림' 소리를 낼 수 있다.

'울림' 소리를 내기 위한 기본 연습법을 따라해 보자.

허리를 펴고 어깨를 편안하게 내린 상태에서 코로 숨을 최대한 많이 들이마시는데 가슴이 아닌 배가 부풀어 오게 한다. 그리고 풍선 입구를 잡고 천천히 바람을 빼듯 '스~' 하는 소리를 내며 입으로 숨을 내쉰다.

"스~"

이렇게 10번 정도 한 후에 '도미솔미도' 음정으로 '아아아아아'를 리듬감 있게 소리 낸다.

'도' 음정 다음에는 '레', '미' 음정으로 차츰 올라가며 '아아아아' 를 소리 내면 성량을 키울 수 있다.

이때 자세는 바르게 하고 반드시 배에 힘을 실어야 한다. 입을 크게 벌리고 성대를 열어 '아' 소리가 배 깊은 곳에서 묵직하게 나온다는 느낌을 기억해야 한다.

'울림' 소리는 쉽게 만들어지지 않지만 위와 같이 날마다 꾸준히만 한다면 목이 아닌 배로부터 나오는 목소리를 만나는데 도움을 받을 수 있다.

"신은 나에게 엄청난 목소리를 주셨다."

유튜브에서 이런 피켓을 들고 구걸하는 거지의 영상이 화제를 불러 일으켰다. 사람들이 돈을 줄 테니 그 목소리를 들려 달라고 하자 천상의 목소리로 라디오 멘트를 들려주었다.

그의 이름은 테드 윌리엄스(Ted Williams), 그는 지금 방송국에서 성우로 멋진 인생을 살고 있다. 언론은 "골든 보이스를 가진 노숙자"라고 그를 칭했지만 그가 그냥 '가진' 목소리가 아니다. 그는 인터뷰에서 이렇게 말했다.

"I have been practicing and practicing."

"나는 연습하고 또 연습했습니다."

마음을 잇는 감탄화법

님은 갔습니다.

아아 사랑하는 나의 님은 갔습니다.

푸른 산빛을 깨치고 단풍나무 숲을 향하여 난 적은 길을 걸어서 차마

떨치고 갔습니다.

－중략-

아아 님은 갔지마는 나는 님을 보내지 아니하였습니다.

제 곡조를 못 이기는 사랑의 노래는 님의 침묵을 휩싸고 돕니다.

-한용운의 '님의 침묵 중에서

고등학생 때 국어선생님의 주문으로 이 시를 반 친구들이 돌아가면서 낭송한 적이 있었다. 그때 끼 많은 한 친구가 '아아' 라는 감탄어에 감정을 담아 한을 쥐어짜듯 낭송했고 여고생들은 책상을 치고 발을 구르며 깔깔깔깔 웃어댔다. 아마도 그 시간을 함께 한 친구들은 이 시의 '아아' 를 평생 잊지 못할 것이다.

만일 이 시에서 '아아' 를 뺀다면 어떨까? 내용엔 무리가 없다. 하지만 화자의 애절함이 사라진다. 절절한 그리움으로 가득 찬 '아아'

가 있어 우리는 시에 공감이란 걸 하게 된다.

이것은 일상의 말에서도 마찬가지다.

은정 씨는 동생 결혼식이라 이른 아침부터 거금을 들여 화장과
머리를 한 뒤 설레는 마음으로 결혼식장에 갔다. 오랜만에 마주친
친구들.

"나 오늘 돈 들여 화장했어. 어때?"

"어? 응. 예쁘네."

만약 조인성처럼 잘 생긴 남자가 이렇게 한마디 툭 던졌다면 차
도남의 까칠함에 더 매력을 느꼈을지 모른다. 하지만 우리는 조인
성이 아니다.

"이야~~, 너 진짜 예쁘다. 어디서 그렇게 예쁘게 했니?"

어느 친구에게 호감이 가겠는가?

"이야~~"

이 감탄어 한 마디가 상대의 마음을 움직인다.

비단 기쁘고 좋은 일에만 감탄의 힘이 있는 게 아니다. 전 세계에
방영되는 인기 토크쇼의 MC이자 세계에서 가장 영향력 있는 사람
들 중 한 명으로 손꼽히는 오프라윈프리(Oprah Winfrey), 그녀가 토
크쇼의 여왕이 된 비결은 '공감력'이다.

진심으로 눈을 마주치며 기쁠 땐 같이 기뻐하고, 슬플 땐 같이 슬
퍼하는 그녀는 많은 말을 하지 않는다. 단지 짧은 감탄어를 연발하
며 출연자가 말할 수 있도록 마음을 열어준다.

"전투에서 승리하기 위해 살지 마라. 노래의 마무리를 위해 살지 마라. 더불어 살아라."

제가 확실히 아는 한 가지는 바로 이것입니다. 진정으로 행복해지려면 더불어 살면서 자신보다 더 큰 명분을 위해 헌신해야 합니다. 인생은 상호교환이기 때문이죠. 앞으로 나아가려면 보답해야 합니다. 저는 이 것이 인생에서 가장 소중한 교훈이라고 생각합니다.

-오프라 윈프리의 '스탠포드 대학 졸업 연설문'에서

여럿이 함께 했던 기관교육이 마무리되고 일을 총괄했던 대표가 전체 카톡방에 글을 올렸다. 그동안 고생했고 함께 해줘서 감사하다는 글이었다. 이에 대한 팀원들의 답변은 총 3가지였다.

"감사합니다."

"와우~, 정말 감사합니다. 대표님 고생 많으셨어요."

그리고 무응답….

이럴 때 당신이 대표라면 어떤 사람에게 가장 마음이 가겠는가? 다음에 또 누구와 함께 일하고 싶겠는가?

인생은 상호교환이고 우리는 더불어 살아야 한다. 감탄화법으로 상대의 마음을 움직여 보자. 상대가 너무 감격해 '감탄'의 외마디조차 나오지 못하는 기쁜 순간, 또는 너무 슬픈 나머지 기댈 곳이 필요할 때 대신 감탄보따리를 터뜨려보자. 오버해서 감정을 표현하자. 그는 당신을 영원한 내 편이라고 생각할 것이다.

못다한 매력화법 이야기

필자는 대기업의 아나운서와 프리젠터를 비롯해 지금껏 목소리와 관련된 여러 가지 일을 해왔고 지금도 진행 중이며 앞으로도 계속할 것이다. 타고난 목소리가 있어서였을까?

필자는 어릴 때 '명절증후군'을 앓은 적이 있다. 아버지는 5남1녀 중에 장남이다. 그리고 필자는 한 살 위인 오빠를 제하고는 친동생과 사촌동생을 더해 15명의 동생을 둔 집안의 맏딸이다. 명절 때마다 새로 태어난 사촌동생들과 마주했고 당연히 잔심부름은 가장 큰 내 차지였다. 그리고 초등학교 때부터는 주방으로 입성해서 작은어머니들과 전을 부쳤다. 어머니는 그 누구보다 손이 큰 분이라 기본으로 계란 3판, 90알 정도는 달걀 물을 푸셔야 전 좀 부쳤다고 하시는 분이었다. 하루 온종일 전 부치는데 열을 쏟다 보면 기름 냄새 배는 건 당연지사, 허리도 아프고 어깨도 지끈지끈 쑤셔왔다.

하지만 주방일보다 필자를 더 두려워 하게 만드는 일이 있었다. 명절날 아침이었다. 상다리 부러질 듯한 거한 아침을 다 먹고 나면 작은아버지들이 정좌하고 앉으셔서 아이들을 서열로 쭉 세웠다. 1번부터 17번까지. 그리고 장기자랑을 시켰다. 발표력을 향상시키겠다는 명목 하에. 정말 이 시간이 너무 싫어서 어린 시절에 혹독한 명절증후군을 앓았던 것이다.

필자는 어릴 때 굉장히 수줍음이 많은 아이였다. 아니 떨림이 많았다는 게 정확한 표현이다. 누군가가 발표를 시키면 그 순서가 오기 전부터 '덜덜덜덜' 사시나무 떨 듯했다. 가슴이 쿵쾅거리고 손에는 땀이 흥건했다. 막상 닥치면 목소리가 엄청 떨렸고 떨리니까 말이 빨라졌다. 5학년 담임선생님을 만나기까지 발표도 제대로 할 줄 모르는 어린 아이였다.

"넌 목소리가 참 괜찮아. 자신감을 가지고 발표하면 훨씬 더 좋을 것 같아."

그때 '괜찮다'는 말, 선생님의 그 한 마디로 목소리에 관심을 갖기 시작했다. 그것이 오늘날 필자가 있게 만든 것이다.

우리는 '좋다' '나쁘다'를 떠나서 이미 '괜찮은' 목소리를 가지고 있다. 우리가 해야 될 것은 그 목소리에 힘을 실어주는 것이다.

목소리와 화법으로 매력지수를 올리기 전에 선행되어야 할 것은 내 목소리에 자신감을 갖는 것이다. 내재된 자신감이 목소리로 표출되기 때문이다. 한순간에 없어지지 않는 그 떨림은 자꾸 설레는 감정이라며 마인드를 습관화시키면 어떨까? 필자가 그랬던 것처럼 말이다.

필자는 '괜찮은' 목소리를 스스로 듣는 노력을 끊임없이 했다. 책, 신문, 광고지 등 활자로 된 건 모조리 소리 내어 읽었고 tv나 라디오를 보고 들을 땐 내가 마치 그 사람이 된 것처럼 말투를 계속 따라했다. 까칠한 오빠와 여동생의 시끄럽다는 구박을 들으면서도 굴하지 않고 그렇게 내 목소리를 끄집어내고 다듬어가기 시작했다.

시간이 지나면서 자꾸 소리 내어 말하는 습관을 들이다 보니 발표하는데 자신감이 생겼다. 물론 떨리고 긴장되지 않는 건 아니다. 하지만 앞서 언급했던 것처럼 발표시작 시 의도적으로 '말을 나누며 천천히' 하니 빠른 시간 내 마음의 평정을 찾을 수 있었다.

역시 노력은 거짓말하지 않는다고 했던가? 또박또박 잘 들리게 발표하고 말하다 보니 주변 사람들의 시선과 평가가 달라졌고 이는 필자의 자존감에도 긍정적 영향을 미쳤다. 그리고 사시나무 떨 듯 떨었던 작은 아이가 지금은 '말'로 세상과 소통하는 일을 직업으로 삼고 있다.

> "인생의 비밀은 단 한 가지, 네가 세상을 대하는 것과 똑같은 방식으로 세상도 너를 대한다는 것이다. 네가 세상을 향해 웃으면 세상은 더욱 활짝 웃을 것이요, 네가 찡그리면 세상은 더욱 찌푸릴 것이다."

『정글북』의 작가 러디어드 키플링이 아들에게 쓴 편지의 한 구절이다. 자신을 리드하는데도 조직을 리드하는데도 결국엔 개인의 마음가짐이 뒷받침되어야 한다. 먼저 자신의 목소리에 자신감을 가지자. 그리고 말없이 살아 갈 수 없는 우리네 인생에 화법으로 승부수를 던져 보길 바란다. 매력적인 화법으로 세상을 대할 때 여러분은 매력적인 리더가 될 수 있을 것이다. 세상은 매력적으로 여러분 앞에 펼쳐질 것이다.

'나누고, 강조하고, 리듬을 타자.'

PART 4

볼수록 빠져드는

매력이미지를 갖춰라

보기 좋은 떡이 먹기도 좋다
브랜드 가치는 이미지가 좌우한다

볼수록 빠져드는

매력이미지를 갖춰라

외모도 전략이다, 업무와 직급에 맞춰라

대학 졸업 후 대기업에 입사한 안매력은 평소 자신이 원하던 패밀리레스토랑 점장으로 발령을 받았다. 음악이 흘러나오고 즐거운 식사를 하는 가족, 연인, 친구들, 고객응대를 위해 밝은 미소와 경쾌한 걸음걸이로 테이블 사이를 분주하게 오가는 직원들. 생일을 맞은 고객에게 축하 노래와 사진 찍기에 여념이 없는 어느 날이었다.

"환영합니다. 해피레스토랑입니다. 고객님, 예약하셨습니까?"

혼자 방문한 남성 고객은 주위를 두리번거리며 이야기를 시작했다.

"내가 여기 자주 오는 사람인데 오늘은 식사 대신 이 법인카드로

30만 원 영수증을 만들려고 왔습니다."

40대 중반 정도로 보이는 남성 고객은 법인카드 한 장을 안매력에게 건네며 사정을 말했다. 처음 있는 일이라 당황스러웠지만 이내 침착하고 친절하게 응대한다.

"죄송합니다. 고객님, 영수증만 발급하는 것은 어려울 것 같습니다. 도움을 드리지 못해 죄송합니다."

법인카드로 식사를 하지 않고 허위 영수증을 발급 받으려는 고객의 의도도 올바르지 않았지만 안매력의 입장에서도 규정상 불가능한 일이다.

최대한 고객이 마음 상하지 않도록 부드럽게 의사를 밝혔다. 그렇게 마무리 되는 듯 보였던 상황은 고객이 화를 내며 새로운 국면으로 돌아섰다.

"이봐 당신! 똑바로 알아보기나 한 거야! 당신 말고 책임자 나오라 그래. 되는지 안 되는지 책임자가 확인해야 할 것 아냐?"

"고객님, 제가 이 레스토랑의 책임자입니다. 저한테 말씀하시면 됩니다."

안매력이 책임자라는 말에 고객은 불같이 화를 내며 험악한 말을 퍼부었다.

"뭐? 니가? 니까짓게 책임자라고?"

고객의 폭언과 삿대질에 놀란 안매력은 고객의 눈을 바라볼 뿐이었다.

"뭘 봐! 어린 게! 눈 안 깔어!"

"찰싹!"

화를 조절하지 못한 고객이 안매력의 뺨을 때렸다. 그 모습을 보다 못한 나이 지긋한 남자 주방장이 고객을 응대하면서 영수증 발급이 어렵다고 설명한 후에야 그 고객은 돌아갔다.

다음날 고객이 사과하러 와서 일은 마무리 되었지만 안매력은 그날 받은 상처를 잊을 수 없다. 어쩌다 이런 일이 생긴 것일까?

그것은 안매력이 젊어 보이는 것만 좋아했지 점장으로서 갖춰야 할 이미지를 챙기지 못했기 때문이다. 고객 입장에서는 외모만 보고 판단을 내릴 수밖에 없어 아무리 점장이라고 해도 어려 보이는 직원한테 거절을 당하니 무시당했다는 감정이 더욱 클 수밖에 없었다.

"책임자 나와!"

"여기 팀장 누구야!"

현장에서 불만 고객은 주로 책임자를 찾는다. 어차피 직원에게 불만을 표현해봤자 해결책이 없다는 것을 알기에 가급적 책임을 질 수 있는 사람에게 직접 불만을 표출하려는 것이다.

일반적으로 팀장, 또는 책임자라면 나이가 지긋하고 전문성이 느껴지는 외모를 떠올린다. 하지만 안매력은 대학을 갓 졸업한 사회 초년생이었을 뿐만 아니라 나이 어린 이미지가 분명했기 때문에 고객이 느끼기에는 책임자로 보이지 않았던 것이다.

안매력은 그 일이 있은 후 외적이미지 변화의 필요성을 느꼈다. 나이는 어리지만 어쨌든 상사이기에 나이 많은 부하와 고객들에게 점장으로 신뢰감을 받을 수 있는 이미지를 연출하기 시작한 것이다.

동안이라고 무조건 좋은 것은 아니다. 특히 회사나 조직에서 직급이 있을 때는 더욱 그렇다. 아무리 동안이 매력이라도 업무적인 상황에서는 마이너스 요인이 될 수 있다.

고객에게 뺨을 맞아본 뒤로 이런 사실을 확실하게 깨달은 안매력는 그 이후부터 자신의 직급과 역할에 맞는 이미지 연출을 위해 옷차림부터 구두, 헤어까지 모두 바꾸었다.

> ○○은행은 지점에 따라 서비스 수준 차이가 심한 것 같습니다. 이사 후 새로 방문한 ○○지점의 창구직원 때문입니다.
>
> 순서를 기다리다 창구에 앉았는데 앳된 얼굴의 여직원이었습니다. 외모가 어려 보인다는 생각을 하고 다시 그 직원을 보니 밝은 색의 염색 머리에 짙은 화장을 하고 있어서 살짝 미심쩍은 부분이 있었습니다. 아니나 다를까 상품에 대해서 문의를 했는데 대답을 잘못하더군요.
>
> 신입직원이겠거니 생각은 합니다. 그러나 기본적인 용모복장을 갖추지 않은 어린 직원에게 상담을 받으니 대화하는 내내 안심이 되지 않았습니다. 결국 집에 돌아와 콜센터에 다시 상품에 대해서 자세히 알아보았습니다.
>
> -○○은행 홈페이지에 올라온 고객의 글

만약 당신이 재무 상담을 받고 싶어 은행을 찾았는데 은행 직원이 동안으로 어린아이 같은 말투와 행동으로 응대한다면 무슨 생각이 들겠는가? 당연히 '이 직원을 믿고 내 돈을 맡겨도 될까?'라는 의심이 들 것이다.

은행의 교육 담당자는 대개 신입직원이 직업인이기보다 학생처럼 보이는 이미지를 좋아하기 때문에 고객들의 불만이 많다고 했다. 기업에서도 이런 직원들 때문에 업무에 맞는 이미지 관리에 많은 신경을 쓰고 있다.

"우리는 유니폼을 착용하고 근무하기 때문에 어쩔 수 없는 일이에요."

"유니폼을 입는데 굳이 옷차림에 신경을 써야 하나요?"

이렇게 대꾸하는 이들도 있다. 참으로 위험한 발상이다. 유니폼을 입더라도 그 속에서 풍기는 이미지를 생각해야 한다. 어떤 이는 유니폼을 통해 전문인으로 보이는 이미지를 연출하지만, 어떤 이는 유니폼이라고 크게 신경 쓰지 않아 오히려 더 아마추어 티를 내는 경우가 있다. 설사 유니폼이라 하더라도 그것을 입었을 때 전체적으로 풍기는 이미지에 대해 깊이 살펴야 할 부분이다.

자신의 직무와 역할에 맞는 옷차림에 대해 신경 쓰면서 항상 색상이 주는 이미지를 잘 활용하자. 직업에 따라 차분한 이미지를 연출해야 하기도 하고 활발한 분위기를 연출해야 하기도 한다. 당연히 선택하는 색상은 달라진다.

○○콜센터 직원을 상대로 서비스 교육을 진행했을 때다. 콜센터의 특성상 고객과 비대면 응대를 하다 보니 비교적 직원들의 복장이 자유로운 편이다. 그 중 유독 눈에 들어온 한 분은 화려하지 않지만 단정하게 차려입은 정장차림이다. 그는 이렇게 말했다.

"고객을 직접 만나는 것은 아니지만 출근하면서부터 제대로 갖추어 입고 나오면 고객에게 제대로 갖춰서 응대한다는 느낌이 들어서 정장을 입습니다."

윗선에서도 그분을 항상 좋게 평가했다. 근무 태도, 자세가 외적 이미지에 고스란히 반영되었기 때문이다.

보이지 않는다고 함부로 하지 말자. 외적 이미지는 남에게만 보여

주는 것이 아니라 자신의 내면을 다지는 데도 중요한 역할을 한다.

자신의 지위와 역할을 새겨보는데 외적 이미지를 활용하는 것도 좋은 방법이다. 혼자 있을 때라도 외적 이미지에 신경을 쓴다면 그 성품이 그대로 몸에 배여서 그 기운이 그대로 작용을 하는 것이다.

역할에 맞는 패션 TIP

1. 지나치게 유행에 민감한 사람은 체제순응형으로 보인다.
2. 유행에 너무 무관심하면 개성은 강하지만 자기주장이 강하고 고집이 세어 보인다.
3. 깨끗하고 관리가 잘 된 신발은 자기관리가 철저한 사람으로 보인다.
4. 배낭을 즐겨 메는 여성은 현실적이고 적극적으로 보인다.
5. 정장을 입고 출퇴근하는 사람이 쉬는 날에 전혀 다른 캐주얼 차림을 하면 자신의 매력을 더욱 발산할 수 있다.

긍정적 인사 멘트를 습관화하라

8시 50분, 안매력은 허겁지겁 계단을 뛰어 오른다. 회사 정문을 들어서는 순간 멀리 엘리베이터로 사람들이 올라타는 모습이 보인다. 지금 엘리베이터를 놓치면 지각할 수밖에 없어 무조건 타야 한다는 일념으로 달려간다.

아뿔싸!

눈앞에서 엘리베이터는 문을 닫는다. 안매력은 얼른 열림 버튼을 눌렀고 닫혔던 문이 열리자 안도의 한숨을 쉬지만 순간적으로 엘리베이터 안의 사람들 표정에 당황스럽기만 하다.

'대체 누구야! 얼른 올라가야 하는데…'

짧은 시간이지만 안매력 때문에 지각할지 모르는 사람들의 따가운 눈총이 느껴졌다.

"아침부터 정말 죄송합니다."

안매력은 최대한 불쌍한 표정과 몸짓으로 사람들에게 이해를 구한 후에야 지각 1분전에 겨우 사무실에 들어설 수 있었다. 지하철역에서부터 달려왔기에 심장은 쿵쾅쿵쾅 요동을 친다. 물 한잔으로 갈증을 달래고 심호흡을 한다.

겨우 안정을 차리자 안매력은 엘리베이터에서 무조건 미안하고 죄송하다고 조아렸던 자신이 모습이 떠올랐다. 괜히 얼굴이 달아올랐다.

"인사는 긍정적 멘트로 하라!"

그동안 배워서 잘 아는 말이지만 막상 상황에 처하면 한번도 제대로 행해 본 적이 없다. 당장 오늘도 긍정적인 멘트를 해야 한다는 말은 전혀 생각도 못한 채 습관적으로 "죄송합니다!"를 연발하지 않았던가?

안매력은 순간적으로 아무리 배워서 안다고 해도 습관으로 고쳐나가지 않으면 무용지물이라는 것을 확인하고 스스로에게 부끄러웠다.

"함께 탈 수 있게 해주셔서 정말 감사합니다."

그때서야 안매력은 이렇게 인사를 했어야 한다는 생각을 떠올리고 왜 이 말을 떠올리지 못했을까 하는 생각에 쓴웃음을 짓는다.

매력적인 사람은 인사하는 멘트부터 다르다. 미묘한 차이지만 똑같은 상황에서 비슷한 인사를 하더라도 어떤 멘트를 사용하느냐에 따라 다른 매력이 느껴진다.

생각해 보자. 모든 이들이 조금이라도 늦으면 지각할지 몰라 애타는 마음으로 엘리베이터를 타고 올라가려 한다. 이때 누군가 열림 버튼을 눌러 시간을 지체하게 만들어 짜증이 올라오는데 "아침부터 죄송합니다."라는 인사를 받는다면 무슨 생각이 들까?

'죄송한 줄 알면서 왜 버튼을 눌렀어?'

'죄송한 줄 알면 다음에 타지….'

많은 이들이 이렇게 생각하며 영혼 없는 안매력 인사에 더욱 불만을 터트렸을 것이다.

그런데 그때 이렇게 했으면 어땠을까?

"함께 탈 수 있게 해주셔서 정말 감사합니다."

함께 생각해 보자.

정말 이런 말을 들었을 때 무슨 생각이 들까?

"죄송합니다."

분명한 것은 똑같은 상황이지만 이런 부정적인 멘트의 인사를 받았을 때는 자신의 욕심을 챙기기 위한 영혼 없는 인사말로 들릴 수 있다.

"감사합니다."

긍정적인 멘트를 들었을 때는 뭔가 인사성이 바른 사람이라고 생각하게 된다.

어떤 인사말을 사용하느냐에 따라 누구는 타인은 안중에 없이 행동하는 사람으로 보이게 만들지만, 어떤 이는 아침부터 밝은 인사로 많은 이의 마음을 풀어주는 매력 있는 사람으로 보이게 만드는 것이다.

출근길 엘리베이터 안에서만 있는 일이 아니다. 우리는 학교나 회사에서 짧은 순간 화장실에서 잠깐 마주치는 사람과 인사해야 하는 경우도 많다.

이때도 어떤 멘트를 사용하느냐에 따라 어떤 이는 눈치 없는 사람이 되고, 누구는 매력 넘치는 사람이 된다.

회사에서 선배에게 인사를 성의 없이 한다고 지적을 받고 고민하는 사람이 있다. 자신은 출퇴근할 때 동료나 선후배에게 인사를 빠뜨린 적이 없이 열심히 해서 스스로 인사성 밝다는 소리를 들을 줄 알았는데, 상황이 반대로 되니 무엇이 문제인지 몰라 비즈니스 매너에 대해 배우고 싶다고 했다.

그가 회사에서 실제로 어떻게 인사를 하는지 알 수 없기에 원론적으로 사람들이 인사를 하면서 가장 많이 하는 실수 세 가지를 알려주었다.

첫째. 인사할 때 허리는 숙이면서 얼굴을 들고 상대방을 바라보는 것이다. 아이컨텍은 이럴 때 하는 것이 아니다. 상대방에게 시선을 고정하면서 인사하면 상대방을 바라보는 시선이 눈을 치켜 뜬 모습이 되기 때문에 불쾌함을 줄 수 있으니 특히 주의해야 한다.

둘째. 등을 펴지 않고 새우처럼 구부정하게 인사하는 것이다. 등이 굽어져 있으면 머리가 심하게 아래로 향하게 되고 비굴한 느낌도 들지만 건성으로 인사하는 느낌을 줄 수 있다.

셋째. 팔을 흔들거나 축 쳐져 있는 모습으로 인사하는 것이다. 이런 인사는 귀찮은데 억지로 하는 느낌을 주기 때문에 조심해야 한다.

자신은 열심히 인사를 하는데도 제대로 된 인사를 하지 않는다는 인식을 심어주면 오히려 마이너스 요인이 될 수 있다. 이왕이면 인사를 할 때도 예의와 요령을 알고 상대방이 진심으로 느끼도록 인사하는 법을 배울 필요가 있다.

인사하지 않는다는 것은
상대에 대한 존중이 없다는 것이고,

존중이 없다는 것은 겸손이 없고,

겸손이 없으면 오만하다는 뜻이다.

오만은 자신의 실력을 제대로 모르고 있다는 것이다.

이런 선수들로는 승부 세계에서 살아남을 수 없다.

그래서 제일 먼저 가르친 게 인사하는 것이었다.

- 김성근 프로야구 감독, '나는 김성근이다' 에서

우리는 언제 어디서든 인사를 나누며 살아간다. 누군가를 만나거나 헤어질 때 항상 하는 것이 인사다. 그렇기 때문에 매력 이미지에서 인사를 이야기하는 것은 새삼스러울 것이 없는 사회인의 기본적인 자질이다.

상대방과 오해 없이 더 나아가 상대방이 자신에 대해 마음을 열수 있도록 올바른 인사를 하는 습관을 들이자.

올바른 인사법 TIP

1. '죄송합니다' 보다는 '감사합니다' 와 같은 긍정적인 멘트로 인사하라

2. 허리를 숙여 인사할 때 고개도 함께 숙여라.

3. 등을 펴고 반듯하게 인사하라.

4. 팔을 흔들거나 처지지 않게 하라.

입꼬리와 눈썹을 올려라

토요일 오후 데이트를 가기 위해 집을 나선 나매력. 오랜만의 데이트라 들뜬 마음으로 약속장소인 강남역으로 향했다. 가는 길에 곧 만날 연인과 한참 전화통화를 했다. 유머러스한 남자친구 덕분에 기분이 좋은 나매력는 자신도 모르게 입꼬리가 올라갔다. 목적지에 도착하여 전철 문이 열리는 순간 전철을 타기 위해 기다리고 있던 회사 팀장과 우연히 마주쳤다.

"어! 팀장님. 안녕하세요? 강남역에 약속 있으세요?"

"오, 나매력 씨. 이런 데서 다 마주치네요. 난 결혼식 갔다가 이제 집에 가는 길이야."

"네, 팀장님 월요일에 회사에서 뵙겠습니다. 들어가세요."

짧은 인사를 나누고 또다시 남자친구와 통화를 하며 발길을 재촉하였다.

그로부터 며칠 후 회의 때 팀장이 갑자기 나매력 칭찬을 한다.

"나매력 씨는 항상 표정이 밝아서 참 보기 좋습니다. 우리 모두 나매력 씨처럼 밝은 미소로 근무합시다."

순간 나매력은 쑥스럽고 어리둥절하였다. 알고 봤더니 며칠 전 전철에서 만났을 때 인사하는 모습을 떠올리며 극찬을 하고 있는 거였다. 나매력은 남자친구와 통화를 했던 그때 생각을 하니 자신도 모르게 미소와 함께 또 다시 입꼬리가 올라갔다. 그 모습을 보고 팀장이 또 덧붙인다.

"저 미소를 보세요. 참, 아름답지 않나요?"

인사는 자신부터 기분 좋은 상태가 되어야 한다. 인사란 주고 받는 말에 있는 것이 아니라 온몸으로 드러나는 기운으로 주고 받는 것이다. 연애하는 마음을 떠올려 보자. 그 기분으로 인사를 하면 받는 이도 저절로 그 기운을 받을 수밖에 없다.

지금 연애는커녕 기분도 별로 좋지 않은데 어떻게 기분 좋은 상태로 인사를 하냐고 생각한다면 어쩔 수 없다. 기분을 억지로 좋게 만들 수는 없기 때문이다. 기분이 좋지 않다고 인사까지 기분 나쁘게 할 수는 없지 않은가?

이때는 억지로라도 입꼬리를 올려서 미소를 지어보자. 기분이야 감정이니까 마음대로 하기가 힘들다지만 입꼬리 올리는 것쯤이야 쉽게 할 수 있지 않은가? 입꼬리를 올려 미소를 짓다 보면 상대에게는 밝은 미소가 전달된다. 그뿐만 아니라 억지로라도 입꼬리 올리는 연습을 하다 보면 자신도 모르게 기분이 좋아지는 것을 느낄 수 있다.

"인사하기 애매한 상황이 몇 번 있었는데 상대가 먼저 다가와 인사를 해주면 저도 그 뒤로는 마주칠 때마다 편하게 인사하게 됐어요."

"제 착각일 수도 있지만 상대가 저를 보면 진심으로 반가워하는 것 같았어요."

"매일 보는 얼굴이지만 그 사람은 다른 이와 다르게 유독 반갑게 인사를 하더라고요."

기분 좋은 인사를 받았을 때 사람들의 느낌에 대하여 설문조사를 한 적이 있다. 전체를 종합해 보니 인사로 매력을 발산하는 이들의 공통점은 크게 세 가지가 있었다.

첫째. 애매한 상황에서 상대보다 먼저 인사를 건넨다.
둘째. 진심으로 인사한다는 느낌을 준다.
셋째. 자주 보는 사람에게도 항상 반갑게 인사한다.

이렇게 정리해 놓고 보니 반갑게 인사한다는 게 너무 추상적이었다. 그래서 이번에는 재차 어떻게 인사하는 것이 반갑게 인사하는 것인지 조사해 보았다. 그러고 보니 이것도 역시 크게 세 가지로 종합할 수 있었다.

첫째. 입꼬리를 올려 미소를 지으며 눈썹을 움직였다.
둘째. 인사하는 거리를 적절히 배려하는 자세를 보였다.
셋째. 들으면 기분 좋은 긍정적인 멘트를 함께 전했다.

심리학자인 폴 에크먼(Paul Ekman)교수는 실험자를 두 집단으로 나누어 서로 마주보며 다가가게 하면서 다양한 얼굴 표정을 짓는 실험을 하였다. 그 결과 웃는 얼굴은 무려 90미터에서도 서로가 표정을 읽을 수 있다는 것을 알았다.
조사결과를 바탕으로 에크먼 교수는 상대가 멀리 있을수록 치아를 드러낼 정도로 환하게 웃으며 전체적으로 온화한 느낌을 전달할 수 있어야 한다고 결론을 내린 것이다.

매력적인 미소를 짓는 방법은 저절로 이뤄지는 것이 아니다. 조금이라도 더 신경을 쓰고 노력할 때 이뤄지는 것이다.

가장 바람직한 방법은 눈꼬리는 아래로, 입꼬리는 위로 향하며 웃는 것이다. 이때 눈과 입 중에 더 신경을 써야 하는 부분은 바로 입모양이다.

다음의 스마일 모양을 보고 비교해보자.

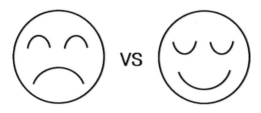

– 도서 '서비스 동화'에서

첫째. 그림에서 손으로 입모양을 가리고 눈만 보자. 어느 쪽 미소가 편안해 보이는가?

둘째. 눈을 가리고 입모양만 보자. 무슨 생각이 드는가?

셋째. 전체 미소를 비교해보자. 어느 쪽 미소가 편안해 보이는가?

눈 모양만 보았을 때는 왼쪽 스마일이 편안해 보이고, 입모양만 보면 오른쪽 스마일이 편안해 보인다.

하지만 전체적인 모습을 보면 오른쪽 스마일이 편안해 보이는 것을 알 수 있다. 안면에 전체적인 미소는 입꼬리에 달려 있다고 볼 수 있다.

멀리서도 상대가 나의 미소를 알아보는 것도 바로 입모양에 있다. 그냥 감정대로 웃는 것이 아니라 의식적으로 입모양을 배모양처럼 만든다는 느낌으로 입꼬리를 살짝 치켜 올려야 한다.

억지로라도 입꼬리를 올려 미소짓는 습관을 들여보자.

또한 인사를 나눌 때 더욱 반가움을 표현하기 위해서는 상대방과 시선을 마주하며 한껏 웃고 눈썹인사를 해야 한다. 눈썹인사는 눈을 마주보고 최대한 눈썹을 올리며 웃는 것이다.

눈썹은 교감신경과 부교감신경이 관장하는 부위라 화가 나면 곤두서고 마음이 가라앉으면 내려온다. 그래서 인상학에서도 눈썹을 대인관계의 척도로 본다.

인사를 나누며 짧고 분명하게 눈썹을 올리는 표정은 '내가 당신을 알아보았고 당신에게 호의를 품고 있다'를 나타내는 비언어적 표현이다.

눈썹인사는 거울과 볼펜으로 쉽게 연습할 수 있다.

먼저 거울을 보고 자신의 눈썹에 볼펜을 가로로 갖다 대고 눈썹을 가려 보자. 그리고 볼펜은 그대로 두고 볼펜에 가려져 있는 눈썹이 보이도록 최대한 위로 올려보자.

이렇게 눈썹을 올렸다 내렸다 반복하면서 근육을 풀어 주는 연습을 하면 눈썹인사가 습관처럼 굳어지는 것을 느낄 수 있다.

거울로 연습하는 미소법 TIP

1. 생기 있는 눈 만들기 / 안륜근

    - 눈썹을 최대한 위로 올린다

    - 지그시 눈을 감은 후 5초간 유지

2. 부드러운 인상 만들기 / 안륜근

    - 기분 좋은 생각을 한다

    - 눈에 힘을 주며 가늘게 뜬다

    - 10초간 유지

3. 자연스럽게 웃는 인상 만들기 / 소협골근

    - 윙크를 한 상태에서 5초간 유지

4. 상쾌하게 웃는 인상 만들기 / 대협골근

    - 자연스럽게 입을 벌린다

    - 양쪽 입 끝을 귀를 향해 벌려준다

5. 예쁜 스마일 라인 만들기 / 구각거근

    - 입술이 보이지 않게 일자로 다문다

    - 그 상태에서 U자로 올려준다

-SBS 브라보! 인생역전 中

첫인상에 승부를 걸어라

나매력의 팀에는 팀원들과 술잔을 기울일 때면 어김없이 자신의 연애 이야기를 풀어놓는 김 과장이 있다. 이날은 대학시절 이성에게 바람맞았던 일과 생에 처음이자 마지막이었던 맞선 이야기를 들려주었다.

"내가 말이야 대학교 1학년 때 채팅 친구가 있었는데 서로 대화가 아주 잘 통했단 말이지. 3개월 정도 많은 이야기를 나누다가 만나기로 약속을 했는데 그 사람이 약속 장소에 나타나지 않아서 내가 길에서 무려 2시간이나 기다렸잖아. 내 인생에 첫 이성과의 만남이었는데 바람맞아서 쓰라린 추억으로 아직도 남아 있어."

"그때는 핸드폰도 없을 때니까 혹시 급한 일이 있어서 못 나온 거 아닐까요?"

"그랬으면 얼마나 좋았을까. 집에 와서 확인해 보니 메신저가 와 있었는데 내가 자신이 생각했던 모습이 아니라 연락을 안 했으면 한다는 내용이었어."

"그럼 그분 약속 장소에 나오셨던 거네요."

"그렇지. 아, 씁쓸해. 나매력 씨, 한 잔 해."

김 과장은 자신의 이야기를 하면서 술잔을 기울였다. 90년대에는 젊은이들 사이에서 인터넷 채팅이 유행이었다. 채팅으로 대화가 잘 통하는 경우는 실제로 만남도 가지고 나아가 교제를 통해 좋은 관계로 발전하는 이들도 많았다. 요즘은 남녀가 첫 만남 전에 SNS 로 얼굴을 먼저 보고 만나는 경우도 있다지만 그 시절에는 상대가 누구인지 모른 채 설렘과 기대감으로 약속 장소에서 기다리곤 했었다. 그러다 보니 첫인상에서 상대가 마음에 들지 않으면 무례하게 행동하는 이들도 가끔 있었다.

이때의 상처로 김 과장은 첫 만남에서 호감을 주는 방법을 찾기 위해 노력했다고 한다. 결혼 적령기가 되어서 친척분의 주선으로 맞선 자리에 나가게 되었다.

"안녕하세요. 처음 뵙겠습니다. 저는 김매력입니다."

"아, 네. 안녕하세요. 저는 나매력입니다."

처음 맞선녀와 인사를 나누면서 김 과장은 맞선녀가 자신의 이상형과 거리가 멀어 실망했고 자리가 불편하게 느껴졌다. 그녀와 마음에 없는 식사를 하는 것보다 자리에서 일어나고 싶은 마음이 들었지만 자신이 어렸을 때 바람맞았던 기억이 떠올랐고 또 자리를 주선해주신 친척분 생각에 하루 예의를 갖추어야겠다고 생각했다.

"김매력 씨는 취미가 뭐예요?"

맞선녀가 먼저 말을 걸어왔다.

"음악을 좋아해서 악기를 하나씩 배우고 있습니다."

"우와~ 취미가 악기 연주예요? 김매력 씨 연주하시는 모습 정말 멋있을 것 같아요. 어떤 악기 연주할 줄 아세요?"

맞선녀는 김 과장의 말에 수줍은 모습도 보이고 또 적극적으로 맞장구하며 웃어주었다. 대화를 이어갈수록 김 과장은 그녀의 미소에 빠져 시간 가는 줄 모르고 대화를 나누었다.

선보는 자리에 나갔는데 마음에 들지 않는 이성이 앉아있다면 어떻게 하겠는가? 자리에서 일어나 나가버릴 것인가? 주선자의 얼굴 때문에 최소한의 예의는 갖추어서 대할 것이다.

채팅을 통한 만남과 맞선을 통한 만남의 차이점은 바로 주선자라는 끈의 유무다. 상대와 내가 첫 만남이지만 끈이 있다면 외모는 마음에 들지 않더라도 시간을 좀 더 가지면서 나만의 매력을 어필할 수 있다.

하지만 우리는 살아가면서 삶의 끈이 있는 경우보다 없는 경우가 훨씬 많다. 직장을 얻기 위해 만나는 면접관, 매일 아침 같은 버스를 타는 짝사랑하는 그녀, 선배들의 시선을 한 몸에 받게 되는 신입사원, 제2의 인생을 생각하며 퇴직 후 카페를 창업한 사장님 모두 낯선 이와의 첫 만남이 중요하다.

어느 공기업 채용담당자가 필자에게 솔직한 이야기를 들려주었다.

"사실 현대사회가 워낙 외모를 중요시하잖아요. 그래서 외모 때문에 숨은 보석을 놓치지 않도록 면접위원끼리 사전에 약속을 하나 했습니다. 외적인 요소보다는 경험이나 내적인 면을 보자고 한 것이지요. 그런데 막상 채용 끝나고 서로 대화를 해보니 서류상에 직무경험, 경력이 좋은데 외적으로 호감이 가지 않는 사람은 점수를 많이 주기 어려웠습니다."

면접에서는 짧은 시간 자신의 장점을 어필해야 하는데 내적인 충실함, 자신감을 외적으로 잘 표현하는 것도 실력일 수밖에 없다.

필자는 4년째 해마다 서울시 아리수 품질점검요원 채용에 외부 면접위원으로 참여하여 지원자들의 서비스 마인드와 외적 이미지를 평가하고 있다.

가정방문을 통해 서울의 수돗물인 아리수를 알리고 가정의 수돗물 품질을 점검하는 업무 특성상 인상이 가장 중요한 요소라고 채용담당자는 늘 이야기하였다.

그럴 것이 여러분의 가정에 심술이 가득해 보이고 험악한 인상을 한 점검원이 방문하는 것은 기분 좋은 일은 아닐 것이다. 편안하고 누구나 호감 가는 인상이 이 직무의 필수 요소인 것이다.

기업, 호텔, 은행의 면접관들이 꼽은 신뢰 가는 호감형 인상의 여자 연예인으로 배우 손예진과 소녀시대의 유리가 주인공이라는 기사를 보았다.

'원래 예쁘면 다 호감이다.'
'누군들 손예진과 유리를 비호감이라고 할까?'
'못생긴 나는 정녕 비호감이란 말인가!'

기사에 달린 댓글들이 틀린 말은 아니지만 굳이 이를 부정적으로 받아들이지 말고 면접관들이 왜 이들의 인상을 선호하는지 이유를 알고 자신에게도 적용하면 좋지 않을까? 면접관들은 손예진의 경우

반듯하게 드러낸 이마와 아름다운 미소, 유리는 신뢰감을 주는 단정한 입매를 높이 평가했다.

면접을 앞둔 분이라면 이 내용을 꼭 기억하자.

첫 대면에서 외적 이미지로 호감을 얻어 관계가 지속되었다면 다음은 인상이다. 상대가 나에 대한 정보가 전혀 없는 상태에서 초반에 주어지는 정보가 무엇이냐에 따라 그 사람이 평가되기도 한다. 행복은 성적순이 아니라고 하지만 교사들이 학생들의 성적을 보고 학생들의 능력을 판단했을 때, 첫 시험을 잘 보고 두 번째 시험을 못 본 학생들을 반대 경우의 학생들보다 더 좋게 평가했다는 사례도 있다.

초두효과라는 말이 있다. 동일한 정보라도 먼저 제시된 정보가 더 큰 힘을 발휘하는 이론이다. 초두효과는 직장에서 신입사원의 경우 잘 활용할 수 있다. 모든 선배들의 시선이 집중되는 시기에 더욱 신경 써서 인사 잘하고 부지런한 모습을 보이면서 노력하면 뒷날이 편안해진다.

첫 만남의 테크닉 TIP

1. 테이블에서 상대와 정면에 앉으면 대립 감정이 싹트기 쉽기 때문에 L자 포지션으로 앉으면 설득하기 좋다.

2. 상대와의 거리가 너무 가까우면 고집스러운 인상을 주고 너무 떨어지면 친밀감이 느껴지지 않으므로 상대와의 거리는 60cm~70cm 정도가 적당하다.

3. 혼잡한 장소에서 첫 만남은 집중하기 힘들어 부정적일 수 있으니 조용한 곳에서 만난다.

4. 자기소개를 할 때 가슴에 손을 대면 성실하고 진실한 인상을 준다.

5. 메모를 할 때 테이블 아래에서 하는 경우 뭔가 숨기는 것 같은 인상을 줄 수 있으니 메모는 볼 수 있도록 한다.

6. 시간 약속을 정할 때 손목시계는 가슴까지 올려서 확인하면 다음 만남을 기대하는 느낌을 줄 수 있다.

비언어적 소통의 중요성을 인식하라

지금까지 자신의 업무와 직급에 맞는 외모를 갖추어야 하는 이

154

유, 긍정적 인사를 하는 이유, 미소를 짓는 이유, 첫인상에 호감을 주어야 하는 이유에 대해서 사례와 함께 이야기하였다. 이 내용들은 모두 매력 이미지의 비언어적 소통이 얼마나 중요한지를 증명해 주는 셈이다.

많은 사람들에게 강연을 하는 강사의 경우도 비언어적 표현이 중요하다. 강의를 들으면 '와~ 정말 말을 잘하는 강사구나'라고 감탄을 하는 강사가 있는 반면 말솜씨가 화려하지는 않지만 무엇인가 강사의 마음이 전해지는 경우가 있다. 눈짓, 몸짓, 손짓, 표정을 잘 활용하여서 청중과 소통이 되면 강연장의 공기가 달라진다는 것을 느낀다. 이런 강사가 이야기하는 내용은 강사의 마음이 담겨있고 또한 자신의 이야기같이 느껴지기도 하고 그 강사의 에너지가 나에게도 전달되는 느낌이다. 말만 잘한다고 명강사가 되는 것은 아니다.

비언어커뮤니케이션 전문가들은 말한다. 거짓으로 말할 수 있지만 행동은 거짓으로 할 수 없다. 행동은 본능에서 시작되기 때문에 상대가 이성으로 꾸며낼 수 있는 말과 진심이 담긴 몸짓이 일치하지 않는다면 왠지 어색하게 느껴진다.

직장 근처 오피스텔에 살며 싱글 라이프를 즐기고 있는 미혼의 혼자 양. 사용하던 정수기 고장으로 A/S를 받기 위해 정수기 업체에 전화를 걸었다. 잦은 지방 출장 때문에 시간이 여의치 않았던 혼자 양은 양해를 구하고 평일 저녁시간에 방문을 부탁드렸다. 원래 평일 7시까지 접수를 받지만 혼자 양의 부탁으로 저녁 8시에 기사가 방문하기로 약속하고 전화를 끊었다.

A/S 기사가 방문한 당일. 건장한 체격의 남자기사가 혼자 양의 오피스텔을 찾았다. 현관문을 들어서며 인사하는 A/S 기사의 표정은 어둡고 상당히 피곤해 보였다.

'늦은 시간에 와달라고 해서 싫은 티를 내는 건가?'

혼자 양은 마음이 불편했지만 괜히 얼굴 붉힐 일을 만들지 않으려고 조용히 기사가 수리하는 것을 지켜보았다. 기사의 모습이 능숙하지 않고 서툴러 보여 마음이 놓이지 않아 이것저것 한참 질문했을 때다. 기사가 공구를 휘저으면서 위협적인 행동을 하다가 물을 받아 놓은 배수통을 쏟아 버리는 것이 아닌가. 혼자 양은 화가 났지만 말없이 쏟은 물을 닦았다. A/S 기사가 다녀간 다음날 정수기 회사에서 서비스 만족도에 대해 조사한다며 전화가 왔다.

"여보세요."

"네, 고객님. 안녕하세요. 여기는 OO정수기 회사입니다. 다름이 아니라 어제 정수기 A/S 서비스 받으셨는데 고객님께서 서비스에 만족하셨는지 혹시나 더 필요하신 부분은 없으신지 확인하기 위해 전화 드렸습니다."

"서비스 만족도요? 사실 어제 말이지요."

혼자 양은 서비스가 만족스럽지 못했다고 접수하였고 이 사실을 알게 된 기사는 억울함을 호소하였다. 양측의 이야기를 들어보자.

혼자 양의 이야기

"제 직업이 지방 출장이 잦아 집에 있는 시간이 거의 없어요. 평일 저녁 밖에 시간이 없어서 처음부터 양해를 구하고 방문 날짜를 정했어요. 그런데 그 기사님이 처음 집에 들어오실 때부터 상당히 불만이 있으신 듯 저를 보지도 않고 그냥 인사하시더라고요. 저도 그때 기분 상했지만 이해하려 생각하고 가만히 지켜보고 있었어요. 부속품을 교환하는데 매우 서툴러 보였어요. 마음이 놓이질 않아 이것저것 물어보니까 기분이 나쁘셨는지 화난 사람처럼 공구를 휘두르시다 물까지 쏟아버렸어요. 순간 당황스럽고 무섭기도 해서 기사님이 쏟아 버린 물을 그냥 닦았는데 걸레질을 하면서 드는 생각이 늦은 시간에 부른 내가 죄인이 된 듯한 기분이었어요."

A/S 기사의 이야기

"작년에 운동을 하다가 어깨를 다친 적이 있어서 요즘도 가끔 어깨 통증을 느껴요. 그날은 아침부터 어깨가 아파서 약을 먹고 출근했어요. 그런데 오후가 되니 약기운이 떨어져 통증이 심했어요. 그래서 다음날 하루 일을 쉬려고 보니 다른 동료들의 업무량이 너무 많아 보여 그날 늦은 시간 방문은 제가 자청해서 갔어요. 다음날 쉴 수 있다는 생각으로 서둘러 작업을 시작했어요. 부속품 교환하려고 공구를 집어 들었는데 갑자기 어깨 통증이 심한 거예요. 어떻게든 끝내야 하니까 팔을 움직여가며 어깨 운동하고 마무리를 했어요. 그런데 순간 제가 팔을 돌리다 물통을 엎질러 고객님 거실에 물을 쏟아 버렸어요. 너무 죄송했지만 고객님께서 화도 내지 않으시고 조용히 닦아주셔서 참 감사한 마음으로 나왔습니다."

무엇이 문제였을까? 두 사람의 이야기를 들어보면 각자의 입장은 이해되는 상황이지만 비언어적 표현 때문에 오해가 생겼다. 실제로 대화에서는 화를 내거나 불만을 말하는 사람은 없었지만 같은 공간에 있으면서 전혀 다른 생각을 하고 있었다.

혼자 양 입장에는 양해를 구하고 늦은 시간 방문을 부탁드렸는데도 기사가 불쾌한 표정이었다고 느꼈지만 사실 설치기사는 불쾌함보다는 동료를 위해서 자신이 자청한 일이었다. 또한 어깨가 아팠던 터라 신속하게 끝내고 귀가를 서둘렀던 모습이 혼자 양이 느끼기에 공구를 휘두르며 위협하는 모습으로까지 비친 것이다.

같은 말도 어떻게 손짓, 눈짓, 몸짓을 하느냐에 따라 전혀 다른 의미가 된다.

행동으로 알아채는 속마음TIP

1. 손짓

1) 팔짱을 낀다
가슴을 펴고 높은 위치에서 팔짱을 끼는 것은 자신이 상대보다 우월함을 과시하는 의미. 낮은 위치에서 팔짱 끼는 것은 방어 심리를 나타낸다.

2) 한 손으로 턱을 괴고 있다
대화 중에 상대가 턱을 괴는 것은 따분함을 느낀다는 것이고 혼자 있을 때 턱을 괴는 것은 '누군가에게 기대고 싶다' 또는 '누군가가 자신을 지탱해 줬으면 좋겠다'라는 심리가 잠재되어 있다

3) 대화 중 테이블 위에 손을 펼쳐 놓는다
    편안하게 상대를 받아들이고 있다

4) 자신의 머리를 쓰다듬거나 긁는다
    긴장함 또는 곤란한 마음을 나타낸다

5) 말을 하면서 손으로 입을 가린다
    상대를 경계하고 본심을 감춘다

6) 대화 중 종이에 낙서를 한다
    지루하다는 것이고 대화중 손목시계를 보는 것과 비슷하다

7) 소매를 걷어붙인다
    적극적으로 상대 이야기를 듣고 있고 상대의 계획에 동참하겠다

2. 눈짓

1) 상대의 눈을 절대 보지 않는다
    심한 콤플렉스로 타인과 시선이 마주치는 것을 두려워한다

2) 시선을 피한다
    속마음을 숨기려는 의도 또는 상대하고 싶지 않다

3) 상대를 곁눈질로 쳐다본다
    대화 내용에 불만이 있거나 의문을 품고 있다

4) 상대를 위아래로 훑어본다
    상대를 불신하거나 경멸하고 있다

5) 눈살을 찌푸린다
상대의 의견에 찬성하지 않음

6) 시선을 이리저리 돌린다
정신적으로 불안하고 떳떳하지 못한 구석이 있다

7) 눈도 깜빡거리지 않고 노려본다
다른 생각에 잠겨 있다

8) 쉴 새 없이 눈을 깜빡인다
거부의 의미, 상대를 피할 수는 상황에 거부하고 싶으면 눈을
깜빡이는 횟수가 많아진다

3. 몸짓

1) 몸을 앞으로 내민다
솔깃한 이야기를 들을 때, 이야기에 관심이 느낄 때 행동이다

2) 한쪽 어깨 올리고 상체를 비스듬하게 기울이거나 뒤로 젖힌다
상대를 거부하는 자세이다

3) 손가락으로 테이블을 가볍게 두드리거나 발끝으로 바닥을 찬다
짜증과 긴장 또는 거부를 나타내는 적신호이다

4) 주머니에 손을 넣는다
상대를 믿지 않거나 뭔가를 숨기는 신호이다

5) 기계적으로 고개를 끄덕인다
기계적인 단순한 끄덕임은 형식적인 동조이다

이미지트레이닝으로 자신만의 캐릭터를 만들어라

"어제 영화제 시상식 봤어? 정우성 레드카펫에서 정말 매력적이더라. 너무 멋있었어. 부드러운 미소에서 뿜어져 나오는 카리스마가 완전 내 이상형이야."

"난 정우성보다 김우빈이 더 멋있던데! 조금 더 남성적이잖아. 큰 키, 넓은 어깨가 최고지."

"아니야. 뭐니 뭐니 해도 요즘 대세는 미생의 히로인 임시완이야. 선한 인상 보면 내 마음이 다 따뜻해져."

커피전문점에서 필자 옆자리에서 들려오는 여대생들의 대화였다. TV로 방송된 영화제 레드카펫 행사에서 서로 자신이 좋아하는 배우가 더 매력 있다고 토론에 열중하고 있었다. 얼마 후 그녀들의 남자친구인 듯 보이는 남성이 들어왔고 필자는 여성들이 자신의 이상형을 정우성, 김우빈, 임시완이라고 말했기 때문에 내심 그녀들의 남자친구에게 자연스럽게 시선이 갔다.

부드러운 미소의 카리스마, 큰 키, 넓은 어깨, 선한 인상을 이상형이라고 말하던 그녀들의 남자친구는 이상형과는 조금 거리가 있는 모습이었다.

그 모습을 보고 필자는 속으로 피식 웃음을 터트렸다. 역시 세상에 자신의 이상형과 만나는 사람이 그리 많지 않다. 이상형은 어디까지나 이상형일 뿐이다. 현실에서는 자신도 모르게 끌리는 매력이 있기에 연인관계로 발전하는 것이다.

외모가 대세인 세상이다. 운동선수만 하더라도 외모가 밑받침되어야 CF도 많이 들어오고 언론의 스포트라이트를 받는다. 일상에서도 외모가 좋은 사람에게 사람들이 호감을 갖는 것은 어쩔 수 없다. 외모가 좋으면 첫인상도 좋다. 무슨 일을 하건 프리미엄을 얻는 것도 현실이다.

하지만 현실은 또 그리 냉혹하지만 않다. 우리가 멋진 배우들처럼 외모에만 집착하지 않아도 살 만한 세상이라는 것을 보여주는 사람도 많다. 영화배우 중에서도 외모보다는 자신만의 독특한 캐릭터로 성공하는 사람들이 많다. 그들은 배우로서의 치명적인 약점일 수 있는 외모를 자신만의 매력포인트로 만들어 나간 것이다.

따라서 굳이 외모에만 집착할 필요가 없다. 문제는 자신의 내면을 어떻게 외적매력으로 발산하느냐는 것이다. 문제는 미남, 미인보다 자신만의 매력이 필요한 것이다.

나매력의 작은아버지는 탈모 때문에 총각시절부터 늘 고민이었다. 유전적으로 탈모가 있는 것은 아닌데 아버지 삼형제 중 유독 작은아버지만 탈모가 찾아왔다.

머리숱이 빈약한 사람들의 공통적인 특징이 옆머리를 길게 길러서 정수리로 넘기는 것. 나매력 작은아버지 역시 이 헤어스타일을 오랜 기간 고수했다.

그러던 어느 날, 친척들이 모두 모였는데 나매력 작은아버지의 헤어스타일에 큰 변화가 생겼다. 자신의 스타일에 딱 어울리는 맞춤 가발을 착용하고 변신을 시도한 것이다. 친척들의 반응은 폭발

적이었다. 그동안 자신의 나이보다 10살은 더 많아 보인다는 얘기를 들었는데 가발로 인하여 자신의 나이를 찾았고 심지어 동안으로 보이기까지 했다.

신기한 것은 그런 일이 있은 후 수 개월이 지나자 기적처럼 머리카락이 다시 나기 시작했다. 20대 후반부터 빠지기만 하던 머리카락이 20년이 더 지난 지금에 다시 자라기 시작한 것이다.

어떻게 이럴 수가 있을까? 탈모 때문에 항상 스트레스를 받았을 때는 몰랐는데, 가발 착용으로 걱정과 고민을 날리고 자신감을 갖고 생활에 활력이 찾으니 신체적으로도 변화가 일어난 것이다.

사회심리학자 김정운 박사는 파마를 한 후 인생의 변화를 겪었다고 고백한다. 그는 독일 유학을 마치고 전공과 맞지 않았던 교수자리로 들어가면서 머리가 빠지기 시작했다고 한다. 탈모로 고민하던 중에 파마를 하면 탈모를 가릴 수 있다는 말을 들었고, 바로 머리 모양을 바꾼 것이라고 한다.

"그 전에는 내면을 중요하게 생각해 외모에 대해서는 전혀 신경을 안 썼다. 그런데 머리 빠지는 건 남자들에게 엄청난 좌절이다. 머리를 말아보니 슈베르트 분위기가 나더라. 그 때부터 의상에 눈을 뜨게 되었다. 내면은 소용없는 거다."

SBS 힐링 캠프라는 프로그램에서 그는 이렇게 고백하며 폭소를 자아냈다. 이에 MC 이경규는 다음과 같이 평했다.

"김정운 교수는 베를린 장벽이 무너지면서 이데올로기가 무너졌고 파마를 하며 내면이 무너지고 외면의 세계를 만난 것 같다."

이에 김박사는 다음과 같이 호응한다.

"파마를 하고 안경을 쓰고 트렌치 코트를 입었다. 그 후로 내 인생이 잘 풀렸다. 강연하는 것마다 반응이 좋았고 모든 게 잘됐다. 무엇보다 내가 자신감을 가진 상태에서 잘하는 모습을 보여주고 또다시 자신감을 가지는 선순환이 있었다."

정말 우리가 진지하게 새겨야 할 말이다. 특히 외모 콤플렉스 때문에 스트레스를 많이 받는 이라면 더더욱 그렇다. 외모 콤플렉스란 자신의 장점보다는 단점에 초점을 맞추고 있기 때문에 생기는 것이다.

그런데 조금만 생각해 보면 외모 콤플렉스라는 것은 별거 아니다. 세상에는 수많은 사람이 살고 있고, 이에 발맞춰 세상은 개성적인 매력을 뽐내는 이들을 선호하고 있다. 따라서 외모에 자신 없는 쪽을 보지 말고 그것을 자신만의 독특한 매력으로 개발할 생각을 하는 것이 좋다.

타인이 나 자신을 생각할 때 딱 떠오르는 이미지, 매력을 만들면 된다. 김정운 박사 하면 파마머리가 떠오르듯, 나 하면 누구나 떠올릴 수 있는 매력을 찾아내면 된다.

생각해 보라. 국민 MC로 모든 이에게 사랑을 받는 유재석 씨의 돌출 입도 분명 외모 콤플렉스의 원인일 수 있는 일이다. 그런데 그는 그것을 '메뚜기'라는 캐릭터로 매력을 발산하고 있다.

이처럼 자신의 단점이 있다면 그것을 감추려 하지 말고 차라리 자신만의 매력적인 캐릭터로 만들어 낼 수 있도록 이미지를 개발해 나가는 것이 좋다.

호주의 심리학자 앨런 리처드슨은 대학생에게 세 가지 다른 연습을 통해 자유투를 잘하게 만드는 실험을 진행하였다.

첫 번째 그룹은 실제 농구공으로 20일간 연습을 하고, 두 번째 그룹은 처음과 마지막 이틀만 농구공으로 연습하고 나머지 18일은 아무것도 하지 않았다. 세 번째 그룹은 처음과 마지막 이틀만 농구공으로 연습하고 나머지 18일은 매일 10분간 자신의 머릿속에 자유투를 성공하는 장면을 상상하게 하였다.

가장 실력이 좋아진 그룹은 어디일까?

역시 첫 번째 그룹이었다. 훈련 전에 비해 성공률이 24% 개선되었다. 그러나 이미지트레이닝을 한 세 번째 그룹의 경우 이틀밖에 농구공을 만져보지 못하였지만 성공률 23%나 개선되었다.

리처드슨은 이렇게 분석하였다. 이미지트레이닝은 뇌만 반응하는 것이 아니라 극히 적지만 신경과 근육도 상상한 대로 반응한다는 것이다.

자신의 웃는 모습을 상상하면 뇌만 움직이는 것이 아니라 얼굴 근육도 약간은 움직인다. 즉 이미지 트레이닝은 현실적인 트레이닝이다. 출퇴근 시간, 학교에 갈 때나 업무 중 휴식시간에 짧은 시간에 훈련해보자.

하루에 비어 있는 시간을 이용해서 매력적인 자신의 모습을 연상하는 것은 결코 의미 없는 일이 아니다.

매력적인 이미지를 만들기 위한 이미지트레이닝 TIP

1. 자신이 좋아하는 이성 연예인이 자신을 바라보고 있다고 상상하자.
2. 반달눈과 올라간 입꼬리를 생각하며 미소 가득한 자신의 얼굴을 상상하자.
3. 약속 장소로 향하는 길에 상대와 처음 눈을 마주쳤을 때 최대한 반가움을 나타내는 표정을 상상하자.
4. 멋있게 프레젠테이션을 마치고 많은 사람들에게 박수를 받는 모습을 상상하자.
5. 오늘 입은 옷차림 센스에 대하여 칭찬 받는 모습을 상상하자.

못다한 매력 이미지 이야기

필자는 대학 졸업 후 서비스 기업에 입사하여 현장 서비스를 경험하고 그 후 공공기관과 금융권에서 서비스 강의를 하고 있다.

스무 살 때 집으로 걸려온 전화 한 통으로 필자는 강사의 길을 걷기로 했다. 승무원 양성 학원에서 필자의 고등학교 졸업앨범을 보고 서비스인으로서 이미지가 좋다고 말하며 학원을 홍보하였다. 많은 학생들 사이에서 무엇인가 끌리는 매력이 있었기 때문에 전화를 했을 것이라 생각하고 학원의 교육과정에 대해 관심을 가졌다.

그때 서비스 강사라는 직업이 있다는 것을 알았다. 대학시절에는 학교 홍보 도우미 활동을 하면서 매너도 익히고 사람들에게 호감을 줄 수 있는 커뮤니케이션에도 관심을 가졌다. 서비스 강사로서 신뢰감을 줄 수 있도록 내적, 외적 이미지 관리를 함께 하면서 노력하였다.

우연히 받았던 전화 한 통을 단순히 학생 유치를 위한 홍보 전화라 생각하고 무시할 수도 있었겠지만 자신의 매력이 무엇인지, 강점이 무엇인지 생각해보고 발전할 수 있는 계기가 되었다. 또 스스로 추구하는 이미지를 가꾸어서 현재 강의를 즐기는 강사가 되었다.

자신이 타인에게 좋은 이미지를 보여주기 위해 내적, 외적으로 노력하는 것이 무엇인지 생각해보자. 만약 잘 떠오르지 않는다면 필자가 앞서 이야기 한 내용부터 당장 실천하자. 어느 순간 당신은 누구나에게 끌리는 매력적인 사람이 되어 있을 것이다.

PART 5

친화매력으로 사람 좋은 사람이 되라

친화력은 학벌이나 능력, 얼굴 생김새와 큰 상관이 없다.

오로지 마인드의 문제다.

사람을 좋아하고 사람과 친해지려는 마음이 있으면

저절로 매력이 드러나기 마련이다.

친화매력으로
사람 좋은 사람이 되라

친화 매력에 빠져보자

"안녕하세요! 좋은 아침입니다! 팀장님!"

"허허허, 나매력 씨 목소리는 활기 차서 좋아. 좋은 아침!"

"아, 정말요? 감사합니다. 어우, 날씨가 진짜 춥네요. 따뜻한 커피 한 잔 드릴까요?"

"그래요. 그럼 한 잔 부탁해. 고마워."

나매력 씨는 출근 후 항상 밝은 목소리로 주변사람들에게 먼저 인사를 건넨다. 자신보다 직급이 높건, 낮건 상관없이 밝고 생기있는 목소리로….

출근 시간이 가까워질수록 사람들이 하나 둘 들어선다.

"안녕하세요, 과장님, 주말 잘 보내셨어요? 아! 가족들과 온천여행 잘 다녀오셨어요?"

"어? 나매력 씨 주말에 가족과 온천 다녀온 거 어떻게 알았어?"

"지난 주에 점심 먹으면서 이번 주말은 오랜만에 가족과 여행 가신다고 말씀하셨던 걸로 기억해서요…."

"이야, 그걸 기억하고 있었어? 대단한데! 응, 덕분에 잘 다녀왔어. 나도 나지만 아이들이 좋아하는 거야. 피곤하긴 해도 갔다 오길 잘 한 것 같아."

"맞아요. 그리고 과장님께서 아이들이 좋아할 만한 곳 찾으려고 엄청 노력하셨잖아요. 고민해서 찾아간 만큼 아이들이 좋아하니 더 뿌듯하고 기분 좋으셨겠어요?"

"내가 기분 좋은 이유가 바로 그거야! 이번 주말 여행 장소 때문에 일주일간 여기저기 알아보느라고 고생 좀 했지. 기대했던 것 이상으로 즐거워하니 몸은 힘들어도 기분은 좋더라구. 역시 나매력 씨밖에 없다니깐. 하하하. 그러는 나친절 씨는 주말 어떻게 보냈어?"

"아, 저요? 저는 오랜만에 친구들이랑…."

한참 이야기 중인데 마침 안매력 씨가 들어선다.

"……."

아무런 인사도 없이 스윽 자리에 앉는다.

"안매력 씨 왔나?"

언제 인사할까, 기다리던 팀장이 먼저 인사를 건넨다.

"아아, 네. 아, 죄송합니다! 안녕하세요."

"어디 아픈가? 안매력 씨. 목소리가 안 좋은 것 같은데…."

"아, 아닙니다. 월요일이라 피곤해서 그런가 봅니다."

같은 직장이지만 꼭 이런 사람들이 있다. 어떤 사람은 먼저 인사하고 사무실에 활기를 불어넣어주는 나매력이 되지만, 또 어떤 사람은 자기 생각에 빠져 있어 사무실 분위기를 가라앉히는 안매력이 된다.

여러분은 어느 쪽인가?

나매력?

안매력?

'친화력' 하면 떠오르는 연예인 중에 강남이 있다. 몇 년간 무명의 서러움을 단번에 떨쳐낸 인간 승리의 비결은 친화력이다.

"뭐가 그렇게 재미있어요?"

강남은 이모댁으로 향하는 지하철에서 옆에 앉아 있는 남성이 휴대전화를 쳐다보며 웃자 이렇게 물으며 말을 걸었다. 오랜만에 만난 친구를 만난 듯 대화를 나눴다. 그리고 자신의 통장 잔고를 보여주며 스스럼없이 다가섰다. 상대가 동갑이라는 것을 알고는 바로 전화번호를 교환하고 친구를 맺기로 했다. 예능 프로그램이지만 이후에도 꾸준히 연락하는 모습을 보여주며 친화매력을 과시했다.

예능 프로그램에서 보여주는 강남의 친화력에 시청자들은 묘한 매력을 느끼기 시작했다. 어떤 상황에서도 사이좋게 어울리는 강남의 매력에 빠져든 것이다.

강남은 친화력을 바탕으로 통장의 잔고를 걱정하던 무명에서 일약 예능 스타로 자리잡기 시작했다. 친화력이 시대의 대세로 자리잡았음을 보여주는 대목이다.

예전에는 공동체 놀이가 많았다. 어려서부터 서로 어울려 노는 놀이가 많아서 저절로 친화력을 배울 기회가 많았다.

하지만 언제부터인가 우리에겐 공동체 놀이가 많이 사라졌다. 텔레비전과 컴퓨터, 스마트폰이 쏟아지면서 혼자 있는데 익숙한 사람들이 많다. 또한 학교에서도 공동체 놀이보다는 경쟁을 강조하면서 개인능력을 중시하는 분위기가 형성되면서 친화력을 키워나갈 기회가 많이 없어졌다.

그러다 보니 자기 생각에 빠져 자기 일만 챙기는 사람들이 많아졌다. 개인적인 능력은 뛰어날지 모르나 관계에 문제를 일으켜 혼자 힘들어 하는 경우도 많다. 어떻게 사람들과 관계를 형성해야 하는지 모르고, 어려워하고 있는 안매력이 많아지고 있는 것이다.

친화(親和)의 사전적 의미는 '서로 사이좋게 잘 어울림'을 뜻한다. 그러니까 친화력은 어떤 상황에서건 사이좋게 잘 어울릴 수 있는 능력을 뜻한다.

예전에는 태생에 따라 한계가 많아 친화력을 발휘할 기회가 적었지만, 지금은 태생과 관계없이 누구나 친화력이 좋으면 마음껏 자신의 능력을 발휘할 수 있다.

지금은 자기 PR의 시대다. 그래서 많은 이들의 자신을 드러내기 위해 각종 SNS를 통해 자신을 포장해서 드러내기 위해 갖은 노력을 기울이고 있다. 시대의 흐름에 따른다면 매우 고무적인 일이다.

하지만 정작 중요한 것을 놓치고 있는 이들이 많다. 세상은 스스로 드러내는 자를 깎아내리려는 사람들로 가득하다. 이 말은 곧 아무리 자신을 포장해서 드러낸다 하더라도 사람들은 그것을 있는 그대로 받아 들이지 않는다는 것이다.

현대 사회에서 자신을 PR하는 가장 중요한 능력이 무엇이겠는가? 여러 가지가 있겠지만 필자는 그 중에 하나가 친화력이라고 확신한다. 친화력이 좋은 사람은 누구에게나 호감을 받기 마련이다. 그렇게 얻은 호감은 세상 그 무엇과도 바꿀 수 없는 귀중한 자산인 것이다.

친화력은 학벌이나 능력, 얼굴 생김새와 큰 상관이 없다. 오로지 마인드의 문제다. 사람을 좋아하고 사람과 친해지려는 마음이 있으면 저절로 매력이 드러나기 마련이다. 또한 친화력은 타고난 것이 아니라 노력으로 얼마든지 키워나갈 수 있다는 것을 염두에 두고 어떻게 하면 친화매력의 소유자가 될 수 있는지 살펴보도록 하자.

초대장 받으셨나요?

– 경조사는 반드시 챙겨라

우리는 살아가면서 수많은 초대장을 받게 된다. 생일이나 결혼

같은 좋은 일로 받는 초대장도 있지만, 지인들과 관련있는 사람의 죽음을 통보받는 부음도 엄밀히 말한다면 초대장이라 할 수 있다.

사실 예전부터 경조사 초대장은 품앗이 성격이 짙다. 내가 챙겨 준 만큼 상대도 챙겨주고, 상대가 챙겨 준 만큼 나도 챙겨주기 마련이다.

따라서 초대장을 많이 보내고 싶다면 먼저 나부터 상대의 초대장을 받고 적극적으로 참여하는 마음을 가져야 한다. 나는 상대의 초대에 응하지 않고 상대만 내 초대에 응하기를 바란다는 것은 어불성설이다.

미국의 전설적인 자동차 판매왕인 존 지라드는 자신의 영업에서 가장 중요한 전략이 '250명의 법칙' 이었다고 한다. 자동차 세일을 하면서 경조사를 챙기다 보니 한 사람 당 대략 250명 정도의 인맥을 갖고 있다는 것을 확인할 수 있었다고 한다.

그는 경조사를 찾는 사람이 평균 250명 정도라는 것을 알고는 이를 영업전략에 적극적으로 활용했다고 한다. 즉 한 명의 고객을 만족시키면 그 사람을 통해 최대 250명의 고객을 확보할 수 있다는 생각을 한 것이다. 그래서 고객을 대할 때마다 한 사람이 아니라 그 주변에 있는 250명을 대하는 마음으로 정성을 들였다는 것이다. 그랬더니 소개가 소개로 이어지면서 최고의 자동차 판매왕에 오를 수 있었다고 한다.

이것을 다르게 표현하면 한 사람의 고객을 놓치면 250명의 고객을 놓치는 것과 같다는 뜻이다. 적어도 내게 불만을 가진 사람이 그 주변의 250명에게 영향을 끼쳐 나를 부정적으로 보게 만들기 때문이다.

대개 경조사는 평생에 한 번 있을까 하는 일들이 많다. 따라서 사람은 누구나 경조사를 찾아준 지인을 결코 쉽게 잊지 못한다.

필자 역시 비슷한 경험을 하였다.

결혼을 준비할 때 날짜를 잡으며 가장 걱정이 되었던 부분이 바로 사람이었다. 결혼식장에 사람들이 얼마나 많이 올까? 괜히 사람이 적어 초라한 예식의 주인공이 되면 어쩌지? 정말 큰 걱정이었다.

여러 사람들에게 청첩장을 돌렸다. 기쁜 날을 함께 해주었으면 하는 좋은 분들의 모습을 떠올렸다. 사람들의 반응은 가지각색이었다. 함께 못해서 미안하다고 전화한 사람, 축의금이라도 전달해서 축하를 해준 사람, 모두 감사하고 감사하지만 역시 제일 기억에 남는 분들은 직접 오셔서 축하해 주신 분들이었다. 현장에서 함께 웃어주고 축하해주신 분들이 그렇게 소중하고 여겨지고 감사하게 느껴진 적도 없었다.

그리고 이제는 누군가에게 청첩장이 날아오면 '이 사람이 내 결혼식에 왔었나?', '축의금은 얼마나 했었지?' 라는 생각부터 드는 것을 어쩔 수 없다.

필자는 그 이후부터 초대장을 받으면 정말 부득이한 상황이 아니면 어떻게든지 참여하고 있다. 초대장이 왔다는 것은 그 사람에게 내가 함께 하고 싶은 사람이라는 것을 의미한다. 상대의 호감을 받아 들이기 위해서라도 가급적 초대장은 꼭 챙기는 것이 좋다.

초대장이 왔는가? 상대에게 함께 하고 싶은 사람, 좋은 사람으로 보여졌음에 감사하고 기꺼운 마음으로 초대에 응했으면 한다.

친화매력은 곧 나를 위한 행동이다

남편과 함께 일체형 컴퓨터를 사러 전자제품 매장에 갔다. 퇴근 후라 8시가 넘었다. 첫째로 방문한 매장은 첫인상이 마음에 들지 않았다. 그래도 필요한 물건이라 직원의 설명을 계속 들어야 했다. 하지만 뭔가 느낌이 이상해서 설명을 듣는 중간에 물었다.

"저희가 늦게 온 것 같아서 미안한데 영업은 몇 시까지 하시나요?"

직원은 시큰둥하게 시계를 보았다.

"8시 30분까지요. 이제 얼마 안 남았네요."

마치 문 닫을 시간이니 사려면 사고 그렇지 않으면 빨리 가라는 투였다. 파장 분위기에서 도저히 더 시간을 낭비할 수 없었다. 남편의 옆구리를 찔러 그곳을 나왔다.

맞은편 다른 매장으로 갔다. 환한 미소로 맞이해주는 직원을 보고 먼저 매장에서 따라온 불편했던 마음이 확 풀렸다. 한참 직원의 설명을 듣다가 은연중에 필자의 직업병이 도졌다. 두 매장의 서비스 품질을 비교할 수 있는 기회라는 생각에 불쑥 물어 보았다.

"저희가 늦게 온 것 같아서 미안한데, 혹시 몇 시까지 하시나요?"

지금도 그 직원의 부드러운 표정과 말투가 두 눈에 선하다.

"고객님이 계실 때까지요! 그러니 부담 갖지 마시고 천천히 꼼꼼히 둘러보세요."

결국 그 매장에서 컴퓨터를 구입했다. 은연중에 천천히 시간을 갖고 제품을 비교해보고 싶어하는 소비자의 마음을 읽은 직원의 배려에 마음을 홀딱 빼앗길 수밖에 없었다.

전현무 아나운서에게 새 프로그램 진행을 맡게 된 연예인이 MC 를 잘 보는 법을 자문한 적이 있다. 전현무 아나운서는 여러 가지 조언 중에 국민MC로 사랑을 받고 있는 유재석 씨의 일화를 들려주었다. 유재석이 진행하는 프로그램에 게스트로 나간 적이 있다고 했다. 그때 함께 나온 게스트들이 말을 참 잘해서 자신은 낄 틈을 찾지 못해 잔뜩 긴장했다고 한다.

"전현무 아나운서, 긴장 좀 푸세요."

그때 유재석 씨가 아무 말도 못하고 있는 자신에게 따뜻한 배려의 말을 던져 주었다고 한다. 그 순간 참 고마웠고 자신도 저런 MC 가 되어야겠다고 다짐했다고 한다.

배려는 화려한 말에 있지 않다. 상대방이 무엇을 필요로 하는지 알고 거기에 꼭 맞는 말 한 마디면 충분하다.

실제로 유재석 씨는 예능의 경험이 부족하거나 카메라에 비춰지지 않는 게스트에게 말할 기회를 주고 말을 이어나갈 수 있도록 배려하는 마음으로 최고의 자리를 지키고 있다. 그를 유심히 보면 화면에 잡힌 게스트의 이야기를 들으면서도 주변 사람을 살피느라 바쁘다. 심지어 크게 박수를 치며 웃으면서도 주변을 살핀다.

유재석 씨가 왜 안티 없는 국민MC로 오랜 사랑을 받고 있는지 알고 싶다면 그가 보여주는 친화매력을 본받을 필요가 있다.

어느덧 퇴근 시간이다. 하나 둘씩 자리를 정리하고 팀장님께 인사를 드리고 회사를 나간다. 안매력과 나매력 씨도 여느 때처럼 퇴근하기 위해 팀장에게 인사를 한다.

"팀장님, 오늘도 고생하셨습니다. 내일 뵙겠습니다."

하지만 이내 팀장의 말이 뒷덜미를 잡는다.

"어, 그래 어서 퇴근들 해. 수고했어요. 나는 할 일이 많아 오늘도 야근이구만, 허허허. 내일까지 사장님께 상반기 실적을 보고서로 제출해야 하는데 쉽지 않구만. 그래, 오늘 하루 고생했으니 어서들 가서 쉬어요. 피곤할 텐데…."

순간 우리의 안매력 씨 인사성도 참 밝다.

"네, 감사합니다. 그럼 먼저 퇴근하겠습니다. 팀장님도 빨리 마무리 하시고 퇴근하세요."

그리고는 쏜살같이 사무실 문을 나선다.

하지만 나매력 씨는 이내 퇴근을 포기한다. 조심스레 생각한 끝에 팀장에게 말한다.

"팀장님, 그런 상황인 줄 미처 몰랐습니다. 많이 힘드시죠? 제가 도와드리겠습니다. 같이 하면 빨리 마무리 될 수 있을 것 같네요. 필요한 자료수집이나 문서작성은 저에게 맡겨주세요. 어떤 것부터 하면 될까요?"

〈문제는 호감이다〉(전경우 지음)에 '호감지능'이라는 용어가 나온다. 다른 사람들과 공감하고 협력하면서 타인으로부터 좋은 감정을 이끌어 내는 능력을 말한다. 호감지능은 상대의 말에 귀를 기울이고 상대의 입장을 이해하고 존중하는 마음, 기꺼이 도움의 손길을 내밀 줄 아는 여유와 너그러움 더불어 생존하고 공존하고자 하는 선한 의지 등을 포괄한다. 호감지능이 뛰어난 사람일수록 상대의 의도를 빨리 알아차리고 적절하게 효과적으로 대응할 줄 안다.

필자의 마음을 빼앗은 전자매장 직원, 그리고 전현무 아나운서의 마음을 훔친 유재석 씨, 팀장의 업무를 도와준 나매력 씨는 호감지능이 뛰어난 사람들이다.

상대의 의도를 빨리 알아차리고, 입장을 이해하고 존중하고 배려하는 마음을 얼른 행동으로 옮겨 자신의 친화매력을 한껏 끌어 올린 것이다.

친화매력을 높이기 위해서는 세심한 노력이 필요하다. 아무나 할 수 있는 일이 아니기에 쉽지 않겠지만, 의지와 노력만 기울이면 누구나 쉽게 할 수 있는 일들이기에 관심을 갖고 따라 배울 필요가 있다.

이제부터 친화매력을 높이는 방법에 대해서 간략하게나마 살펴보기로 하자.

사람 좋은 사람 되기 : AHA(아하!)
– 작고 사소한 기억이 큰 감동을 주기도 한다.

1. Attention: 관심 가지기

교육 시작 전, 파워포인트로 사진 한 장을 보여주었다. 호텔 로비에서의 모습이 담겨 있다. 짧은 시간이 주어지고 이내 사진은 사라지게 했다. 그리고 바로 질문을 던졌다.

"엘리베이터 앞에 몇 명이 있었나요?"

"방을 배정 받는 사람은 몇 층을 배정 받았나요?"

"시계는 몇 시를 가리키고 있었나요?"

"달력은 몇 월을 가리키고 있었나요?"

사진 한 장에 참 많은 정보가 있었다. 그런데 그것을 제대로 이야기하는 교육생은 거의 없었다. 자신이 본 것만 어렴풋하게 기억하고 대답한다.

어느 정도 시간이 흐른 뒤에 동일한 사진을 다시 보여 주었다. 그리고 다시 사진을 감춘 뒤에 똑같은 질문을 던졌다.

이번에는 대다수의 사람들이 제대로 답했다.

"보는 것과 관찰은 다른 것입니다. 본다는 것은 단순히 눈에 비치는 모습들을 노력하지 않아도 볼 수 있습니다. 그러나 관찰은 다릅니다. 관찰은 관심을 가지고 하나하나 집중하여 살펴보는 것을 말합니다. 단순히 보면 보이지 않습니다. 그러나 관찰하면 보입니다.

고객도 마찬가지입니다. 관찰하면 무엇이 필요한지, 무슨 말을 하고 싶은지 보입니다. 관심의 시작은 관찰입니다."

매우 중요한 말이다. 사람 좋은 사람이 되려면 먼저 관심을 갖고 관찰을 해야 한다. 상대의 변화에 관심을 갖기 시작하면 상대가 무엇을 원하는지 보인다.

자세히 보아야 예쁘다.
오래 봐야 사랑스럽다.
너도 그렇다. -나태주 '풀꽃' 전문

누군가에게 관심을 갖는 건 곧 애정표현이다. 적어도 당신은 나에게 의미 있는 사람이라는 신호를 보내는 것이다. 그렇게 관심을 갖는 것만으로도 이미 상대의 마음을 얻은 것과 같다.

관심과 애정의 마음이 있으면 그냥 보는 것이 아니라 관찰하게 된다. 그리고 그 관찰이 빛을 발하는 순간이 온다.

몇 년 만에 친구를 만났다. 더운 여름날, 팥빙수를 주문했다. 팥빙수가 나오자 수박을 건져내며 말했다.

"너, 수박 싫어하지?"
"어머. 그걸 다 기억하고 있었어?"
"그럼, 기억하고 있었지. 너 수박 싫어해서 항상 빼고 먹었잖아."
친구는 아무 말없이 미소 짓더니 이내 눈시울이 붉어졌다.

"진짜 감동이야. 시간이 오래 흘렀는데도 나에 대한 그런 사소한 것까지 기억할 줄 몰랐어. 고마워."

오랜만에 만나 어색했던 분위기는 눈 녹듯이 사라졌다. 대학시절 각자가 기억하고 있는 서로를 추억하며 한참을 즐겁게 이야기했다. 그 이후로 우리는 더욱 돈독한 관계를 유지하고 있다.

직장생활도 마찬가지다. 그러나 대부분의 사람들은 관심을 보이기보다 관심을 갖기를 원한다. 그래서 자랑하기 바쁘다. 성과나 역량 또는 재력 등을 보여주기 바쁘다. 하지만 이런 것으로는 상대의 호감을 얻기 어렵다. 따라서 억지로 보여주지 않아도 자연스럽게 상대방의 마음을 얻는 방법에 귀 기울여야 한다. 그 방법 중에 하나가 바로 상대방에게 관심을 갖는 것이다. 사소한 거라도 관심을 기울이고 표현하는 것이다.

"오늘이 생일이시죠?"

"아이스커피보다 따뜻한 커피를 좋아하시죠?"

"고기 별로 안 좋아하시죠? 보리밥 어떠세요?"

그러면 누구라도 이런 사람을 만나면 기분이 좋아진다. 자신이 존중받고 인정받고 있다는 느낌이 들기 때문이다. 그러면서 자연스레 관심이 그 사람에게 전환된다.

"관심을 끌지 말고, 관심을 보여라!!"

매우 중요한 말이다. 나매력 씨는 관심을 끌기보다 관심을 보였다. 주말 잘 보내셨냐는 피상적인 질문보다 가족들과 계획한 온천 여행에 대해 물었고, 고민을 많이 했던 과장님의 마음도 읽어 주었다. 그러자 과장님은 바로 나매력 씨에게 주말 어떻게 보냈냐며 관심을 가졌다. 관심을 보이는 것이 상대로 하여금 나에게 관심을 끌게 만드는 길임을 알 수 있다.

주변 사람들의 관심을 보일 요소가 무엇인지 찾아보자. 생일, 요즘 고민거리, 새롭게 시작하고 있는 것, 어떤 것이든 좋다. 그리고 표현해보자. 동료의 생일날, 축하의 문자와 함께 부담스럽지 않은 모바일 선물 쿠폰을 보내보자. 그리고 반응을 기다려보자!

2. Hear: 잘 듣기

팀장과 팀원이 점심을 먹으러 갔다. 6명 정도였는데 식당 자리에 앉자마자 핸드폰을 꺼내들더니 이내 곧 자신만의 세상으로 빠져들었다. 게임하는 직원, 뉴스 보는 직원, 그냥 웹서핑하는 직원, 다들 그러니 어쩔 수 없이 스윽 핸드폰을 꺼내는 직원 등. 한참을 가만히 있던 팀장이 말했다.

"흠, 마주 앉아서 눈 한번 서로 보질 못하고 있구만. 이 시간만이라도 모두 핸드폰 집어넣고 대화를 했으면 좋겠네!"

그때서야 팀원들이 머쓱해하며 핸드폰을 넣었다.

우리 주위에서 쉽게 볼 수 있는 장면이다. 어디를 가도 손에서 핸드폰이 떠날 줄 모른다. 심지어 대화를 하면서도 손은 핸드폰을 터치하고 있다. 그러니 대화가 잘 들리겠는가? 기억이 남겠는가?

185

함께 하고 싶은 마음, 알고 이해하고 싶은 마음,
배려하는 마음, 관계를 향상 시키고 싶은 마음을
갖는 것이 중요하다.

필자는 고객센터 상담직원들을 대상으로 교육을 많이 한다. '불만고객 응대법'에 대한 교육을 할 때 자신만의 고객응대비법을 물으면 한 군데도 빠지지 않고 나오는 대답이 있다.

"저의 불만고객 응대법은 잘 들어주는 것, 경청입니다."

"왜 그러한지 부연설명을 부탁드려도 될까요?"

"음, 글쎄요. 불만고객에 대한 여러 가지 방법이 많죠. 그런데 실질적으로 응대를 하다보면 고객이 말씀하시는 걸 중간에 끊지 않고 들어만 주어도 50% 이상은 해결이 되더라구요. 그래서 생각했죠. '아, 그냥 하소연 하실 곳이 필요하구나!' 그렇게 깨달은 뒤부터는 무조건 우선 들어주고 있어요."

많은 교육생들이 옅은 미소와 함께 고개를 끄덕이며 공감을 표현한다.

매우 중요한 말이다. 필자도 불만고객 응대 시 경청을 강조한다. 문제를 해결하거나 대안을 제시하는 등의 처리도 분명 중요하다. 하지만 무엇보다 선행되어야 하는 것은 화가 난 불만고객의 감정의 처리가 우선이다. 들을 수 있는 귀가 준비 되어있지 않은 사람에게는 어떠한 방법도 해결책이 될 수 없다.

고객에게 들을 수 있는 귀를 만들려면 우선 상담원 자신이 고객의 이야기를 들어야 한다. 허벅지를 꼬집고서라도 중간에 고객의 말을 자르지 않고 들어야 한다고 말한다. 그러면 얼마의 시간이 지난 후 고객이 묻는다.

"휴, 이제야 마음이 좀 풀리네…. 자, 그럼 어떠한 방법이 있나요?"

경청은 상대방에게 집중하고 있다는 신호이다. 그래서 말하는 사람은 상대방이 '나에게 집중하고 내 이야기를 존중해주고 있구나!' 라는 생각에 편해지면서 마음이 열리기 시작한다. 또한 경청은 사람의 마음뿐만 아니라 그 말 속에 담겨 있는 소중한 정보를 얻게 한다.

"불만 가득한 고객이 당신에게 '이 상담원은 대화가 되는구나. 이 상담원이라면 내 마음을 알아주겠구나. 이 상담원이라면 나를 도와줄 수 있겠구나!' 라고 마음이 들도록 해주는 게 중요합니다. 나를 도와줄 수 있는 사람에게 함부로 대하는 사람은 드물겠지요. 고객을 당신의 팬으로 만드세요. 고객이 자신의 불만사항을 오롯이 표현할 수 있도록 해주세요. 그리고 들을 수 있는 귀가 되도록 만들어 주세요. 가장 큰 방법이 잘 들어주는 것, 즉 경청입니다."

상대방의 이야기를 잘 들어주고 공감해주면 대부분의 사람들은 그 사람을 편안하게 느낀다. 그 사람과 대화하는 것을 좋아한다. 힘들 때 찾고 싶은 사람이 된다.

이것은 일상에서도 마찬가지다. 아무리 친한 사람이라도 자기 말만 하는 사람은 기피대상이 된다. 실제로 이런 일도 있었다.

"어디 아파? 피곤해 보여."

잠깐 어디 다녀오더니 아주 피곤한 표정을 짓는 친구에게 물었다. 친구는 진저리를 치며 대답했다.

"머리 아파. 아우 어지러워. 그 언니 알지? 빌린 거 돌려줄게 있어서 갔다가 3시간 동안 그 언니 이야기 듣고만 있었어. 어쩜 그리

쉼 없이 말하니? 내가 한 마디 하면 열 마디를 하더라. 하도 떠드는
소리 들었더니 머리가 다 지끈하다."

며칠 뒤 친구에게 문자가 왔다.

"그 언니가 놀러오라고 문자왔어. 솔직히 나 겁난다. 진짜 가고
싶지 않아. 몇 시간 끊임없이 자기 이야기만 할 텐데. 같이 가줄 수
있어?"

누구나 듣는 것보다 자기의 이야기를 하는 것을 좋아한다. 그러
나 우선은 들어주어야 자신의 이야기를 할 기회도 생긴다는 것을
잊지 말자. 듣지 않고 자기말만 하면 누구나 만나기가 망설여지는
사람이 될 수 있다.

경청은 친화매력의 키포인트다. 잘 들어야 상대방의 호감을 살
수 있고 상대의 욕구를 정확하게 파악할 수 있다. 경청을 잘 하려면
크게 두 가지를 잘 해야 한다.

첫째. 상대의 눈을 보자

눈을 보지 않는다는 것은 '당신 말이 듣기 싫어요'라고 암묵적으
로 표현하는 것으로 보일 수 있다. 핸드폰이나 TV, 시계 등에서 눈
을 떼야 한다. 말하는 상대방에게 온전히 집중하기 위해서는 눈을
바라보아야 한다. 눈과 함께 몸도 말하는 상대방 쪽으로 기울이면
금상첨화이다.

둘째. 말을 자르지 말자

최근 한 연구에 따르면 대부분의 사람들은 17초 이상 경청하지 못하고 끼어들어 자기 생각을 말한다고 한다. 따라서 상대방이 말할 때 관심을 집중하려면 섣불리 판단하거나 비난하거나 자기 입장을 내세우는 것은 자제해야 한다. 적어도 17초 이상은 경청하는 노력을 기울여야 한다.

남성들은 주로 문제해결 중심적이어서 어떠한 이야기를 들으면 해결해 주려고 하는 경향이 있다. 하지만 어떨 때는 상대방의 눈을 바라보며 말을 자르지 않고 단순히 들어주는 것만으로도 문제를 해결해주는 경우가 많다. 해결책을 제시하기보다 가만히 들어주는 것이 더 매력적으로 보일 수 있다는 것을 알아야 한다.

> **TIP. 잘 듣는 방법!**
>
> 첫째. 상대의 눈을 보자
> 둘째. 말을 자르지 말자

3. Action: 적절하게 반응하기

"언니 같은 동생 강사!"

필자를 이렇게 불러주는 선배 강사님이 있다. 그 선배와는 비교적 짧은 기간에 깊게 친해졌다. 일과 육아의 병행으로 바빠 교육 외에는 친구를 만나거나 편안하게 밖에서 커피를 먹으며 수다를 떠는 일은 급격히 줄어들었다. 그때 사람을 만나 대화하고 에너지를 교환하고 싶은 욕구가 강한 필자를 충족시켜 준 분이었다. 밖에서 여유 있게 시간을 보낼 수 없던 터라 무조건 필자의 집으로 달려왔다. 커피 한 잔 놓고 이런저런 이야기를 했다. 헤어질 때쯤 수줍게 웃으며 한 마디 했다.

"왜 강사님한테는 이야기 하다 보면 별 이야기를 다 하는지 몰라. 호호호. 대화 나누는 게 참 편안하고 따뜻해. 무엇이든 이야기할 수 있거든. 상대방을 편안하게 만들어."

"진짜 강사님이 가진 큰 강점이자 매력인 것 같아."

"언니 같은 동생?"

설사 입바른 소리라 할지라도 이런 말을 들을 때 필자는 매우 기쁘다. 타고난 성격도 있겠지만 나름대로 친화매력을 갖추기 위해 노력한 부분에 대해 칭찬을 받다 보니 노력이 헛되지 않았다는 뿌듯함을 느낄 수 있기 때문이다.

필자는 다른 사람의 이야기를 들을 때 리액션을 크게 하는 편이다.

처음에는 '일부러 의식을 두고 크게 해야지!' 라고 의지를 세워 노력했지만, 지금은 자연스레 습관이 되었기 때문에 굳이 의식하지 않는 단계가 되었다. 다행히 강사라는 직업과 맞물려 더욱 의지를 세워 노력한 것이 몸에 밴 덕분이라 생각한다.

상대의 이야기를 들을 때 고개를 끄덕이거나, 박수를 치며 공감하기, 크게 웃기, "음~", "아~", "우와!"같은 감탄사를 해보자. 금방 상대방의 마음을 얻는 자신의 모습을 보게 될 것이다.

경청과 리액션에서 빼놓을 수 없는 대표적인 사람이 있다. 바로 KBS TV 〈아침마당〉의 이금희 아나운서다. 그녀는 초대 손님이 이야기할 때는 마이크를 내려놓고 고개를 끄덕이고 공감하며 듣는다. 듣기만 하는 것이 아니다. 안타까운 사연이면 안타까운 표정을 짓고, 웃긴 이야기면 화통하게 웃기도 한다. 이렇게 듣고 공감하는 모습이 그녀가 오랫동안 사랑받는 아나운서가 된 비결이다.

종합해보면 적절하게 반응하기가 곧 공감반응이다.

필자는 커뮤니케이션 교육을 할 때 다양한 감정이 쓰여 있는 느낌 카드를 자주 활용한다. 느낌 카드를 갖고 있는 사람이 다른 사람들에게 보여 주지 않고, 이 느낌을 느꼈던 상황을 이야기 해준다. 상황을 듣고 그때 느꼈을 기분을 유추해보고 맞춰보는 '느낌 맞추기 게임'이다. 예를 들어 '상쾌한'이라고 적혀있는 카드를 가지고 있다면 이렇게 설명한다.

"저는 점심을 먹고, 양치질을 하고 나면 이런 기분이 들어요."

그러면 다른 사람은 그 기분을 유추해서 느낌 카드를 맞추는 것이다.

이 게임을 하면 공통적인 모습이 있다. 카드를 갖고 말하는 사람에게 모든 눈이 쏠린다. 그 다음 그 사람이 상황을 이야기하면 집중해서 듣는다. 그런 다음 조심스레 하나씩 기분을 유추해 본다.

카드를 갖고 말하는 사람에게 집중하는 것이 관심이고, 집중해서
이야기를 듣는 것은 경청이다.
그런 다음 유추해보고 표현하는 것이 반응이다.

"자, 해보니 어떠신가요? 흥미로우시죠. 다른 사람의 상황을 듣
고 어떻게 기분이나 느낌을 유추하셨나요?"
필자가 묻는다. 주로 이런 대답이 돌아온다.
"나라면 그 상황에 어땠을까? 어떤 기분이었을까? 하고 나에게
적용해 봤어요."

다른사람의 입장에 자신을 놓을 수 있는 것, 다른 사람이 보고느끼는 것
을 보고느낄 수 있는 것, 그것은 귀중한 능력이다.

-마타 암리타난다마이

케빈 홀의 〈겐샤이〉에서 공감이란 '다른 사람의 길을 걸어 보기'
라고 표현한다.
상대방의 이야기를 듣고 나를 그 상황에 놓아보고, '나라면 어땠
을까?' 마음으로 보아야 한다. 그 마음을 느껴보는 것 자체가 곧 공
감이다. 경청이 '존중 받았다'의 느낌이라면, 공감은 '이해 받았다'
라는 느낌이다. 이해받고 수용되어짐의 공감반응이 상대로 하여금
마음을 열게 한다.

입에 바른 칭찬이라도 해놓고 봐라

포그(Fogg, B. J)와 나스(Nass, C)는 아부성 멘트가 얼마나 긍정적인 결과를 낳는지 실험으로 보여줬다. 그들은 컴퓨터가 아부를 하게 만들었다. 그야말로 형식적인 칭찬을 하게 만든 것이다.

세 대의 컴퓨터에 문제를 입력하는 것으로 실험이 시작된다.

A집단은 문제를 모두 푼 후 그냥 다음 단계로 넘어가는 컴퓨터를 다룬다는 것을 알려주었다. B집단은 컴퓨터가 점수와 답안을 조합하여 참가자들의 수준에 따라 멘트를 만들어낸다고 알려주었다. C집단은 점수와 상관없이 컴퓨터가 무작위로 형식적인 칭찬 멘트를 띄워준다는 것을 알려주었다.

그 결과 아무런 멘트도 없었던 A집안에 비해 칭찬이 많았던 B집단은 실험결과에 더 긍정적으로 반응했다. 심지어 컴퓨터 성능이 좋다고까지 평가했다.

그뿐만이 아니다. 이미 컴퓨터 칭찬이 입력된 형식적인 멘트라는 것을 알고 있는 C집단이 B집단과 유사한 반응을 보여주었다.

"와우! 가수해도 되겠는데요!"

노래방에서 이 멘트를 보고 계속 노래를 불러대는 사람의 심리가 여기에 있다.

어김없이 밝은 모습으로 출근한 나매력 씨. 속속 출근하는 팀원들과도 인사를 나눈다.

"김대리 님, 오늘 무슨 특별한 날이세요? 오늘 따라 유난히 화장이 화사하게 잘 된 것 같아요. 예쁘세요!"

예쁘다는 말 싫어하는 여자가 어디 있으랴.

"어머 그래? 잠을 푹 자서 그런가? 호호호 고마워 나매력 씨."

하루 종일 김대리의 얼굴이 웃음이 가득하다. 콧노래까지 흥얼거린다. 나매력 씨의 칭찬 한 마디에 김대리가 춤을 춘 것이다.

점심을 먹고 들어오다 오랜만에 다른 부서 부장님을 복도에서 만난 나매력 씨.

"부장님, 파란색 넥타이가 정말 잘 어울리세요! 5살은 더 젊어보이세요!"

"하하하 나매력 씨도 참! 5살은 무슨? 아부성 멘트인 건 알지만 그래도 기분은 좋구만! 허허허."

오후에 회의를 참석한 나매력 씨.

"강주임님, 이 보고서 주임님이 만드신 거죠? 진짜 대단하세요! 저는 엑셀을 하루 종일 붙잡고 있어도 이렇게 못할 것 같은데요. 주임님의 정확한 통계 엑셀 덕분에 회의 내용을 쉽게 이해했어요. 감사해요 주임님."

"아, 정말요? 걱정 많이 했는데 그렇게 말씀해주셔서 감사해요. 혹시 엑셀 작업하시다 어려운 점 있으면 말씀하세요! 제가 언제든지 도와드릴게요."

외적인 칭찬도 좋고, 업무에 대한 칭찬도 좋다. 중요한 것은 적극적으로 칭찬하려는 노력이 필요한 것이다.

이부장은 파란 넥타이만 보면 기분이 좋아질 것이다. 중요한 날에 파란 넥타이에 손이 갈 수도 있다.

강주임 역시 직무에 대한 칭찬을 받은 것은 곧 실력을 인정 받는 것이기 때문에 보고서를 만들 때 더 열정적으로 작업하고 실력도 늘어 결과적으로는 업무에 대한 의욕도 고취될 수 있다.

칭찬을 잘 하는 것은 친화매력의 중요한 요소다. 칭찬을 잘 해주는 사람에게는 호감이나 친근감을 느끼기 마련이다. 칭찬을 싫어하는 사람은 없다.

칭찬은 굳이 상대의 눈치를 볼 필요가 없다. 입에 바른 칭찬일지라도, 아부로 비칠까 걱정스런 말일지라도 너무 심한 아부라 상대방이 오히려 무안해 할 정도가 아니라면 일단 해놓고 보는 것이 좋다. 누구라도 칭찬을 받아서 기분 나쁜 사람은 없다. 설사 그것이 아부처럼 느껴져도 상대방의 기분을 좋게 만드는 것이 우선이다.

"칭찬은 코끼리 발도 들어요."

신문기사의 제목이다. 코끼리는 발톱에 염증이 생기기 쉬워 특히 겨울철엔 발톱 관리가 필수적이라고 한다. 예전에는 체벌이나 강압적으로 날카로운 도구로 발을 들게 하거나 코끼리를 옆으로 눕혀 쇠사슬로 고정해서 발톱을 관리했다고 한다. 그런데 동물들은 야생에서는 다른 동물들에게 습격을 받을 수 있기 때문에 눕는 행동을 잘 보이지 않는다고 한다. 그래서 코끼리를 눕혀놔도 언제 돌발행동을 할지 몰라 사육사들이 불안감을 많이 느꼈다고 한다. 그런데 코끼리가 달라졌다. 사육사에게 먼저 다가와서 친근함을 표시하기도 하고, 사육사의 말 한마디에 선뜻 발을 내밀어서 편안하게 발톱 손질을 받는다.

그 비결이 바로 칭찬이다. 원하는 반응을 보일 때마다 쓰다듬어 주거나 좋아하는 먹이로 보상을 해주고 충분히 교감하여 서로 신뢰를 쌓은 1년여 시간의 결과물인 것이다.

사육사들이 다른 동물들에게도 적용해 보니 훨씬 사육사를 잘 따르고 깊은 유대가 형성되었다고 한다.

칭찬은 인간관계뿐만 아니라 동물에게도 좋은 영향을 끼친다는 것이 확인된 것이다.

칭찬 중에 가장 좋은 칭찬은 상대의 장점을 찾아 칭찬하는 것이다. 칭찬은 미사여구에 있는 것이 아니라 상대가 원하는 것에 맞춰 듣기 좋은 소리를 표현하는데 있다. 가급적 애정 섞인 눈으로 상대방의 장점을 찾아서 그 장점을 구체적이고 공개적으로 칭찬하는 것이 좋다.

하지만 상대의 장점을 찾기가 어렵다면 일단 입에 바른 칭찬이라도 자꾸 해보는 것이 좋다. 입에 바른 칭찬이 습관이 되면 그것도 친화매력의 장점이 될 수 있다.

말보다 마인드에 신경을 써라

세상의 모든 것은 과유불급이다. 친화매력도 마찬가지다. 특히 사람을 좋아하는 이라면 친화매력을 발산할 때도 주의해야 할 점이 있다는 것을 알아야 한다.

그것은 바로 지나친 관심이다. 사람에게는 각자의 존중 되어져야 할 사적인 영역이 있다. 친화매력을 위해 상대를 배려하는 것도 중요하지만 어디까지나 상대가 원하는 선에서 이뤄져야 한다.

심리학 용어 중에 '조해리 창' 이란 말이 있다. 인간의 마음에는 4가지 창이 있다는 뜻이다. 좀 더 유연하고 안정된 관계를 유지하기 위해서는 그 창의 영역을 서로 존중할 수 있어야 할 것이다.

이런 점을 모르면 자칫 상대에게 베푸는 친절이 상대에겐 오히려 부담이 될 수 있다.

온라인 취업포털 '사람인' 에서 구직자 588명을 대상으로 '명절에 가장 듣기 싫은 말'이 무엇인지 설문 조사한 결과를 발표했다. 1위는 33.7%로 "요즘 뭐하고 지내?"처럼 근황을 묻는 말이다. 취업도 힘든데 명절에 만나는 사람마다 근황을 이야기해야 하는 게 힘들고 싫다는 것이다. 2위는 "취업은 했어?"라고 직접적으로 묻는 경우, 3위는 "올해 안에는 가능하니? 어떡할건데?"라고 재촉하는 말이었다.

구직자에게 지나친 관심은 큰 스트레스다. 관심이 아니라 구속으로 비치는 것이다. 잘 풀리고 있으면 어련히 알아서 이야기할까! 본인이 이야기하지 않을 경우 먼저 묻지 않는 것도 눈치이자 센스다.

사람이 살아가는 데 있어서 서로 관심을 주고 받는 것만큼 좋은 것은 없다. 요즘 같이 자신에 대한 몰입이 높아 바로 옆에서도 어떤 일이 일어나고 있는지 모르는 상황일수록 타인에게 관심을 갖는 것을 반드시 필요하다.

하지만 지나침은 상대방에게 친밀감을 주기보다는 만나길 꺼려 하는 피곤한 사람으로 보일 수 있다는 것을 기억하자. 친화매력을 갖추기 위해서는 눈치와 센스로 적절한 선에서 관심 보이는 것으로 그칠 수 있어야 한다.

필자는 서비스교육을 하다 보니 일종의 직업병으로 서비스 현장에 많은 관심을 갖는다.

영화관에 갔을 때의 일이다. 매표소에서 티켓을 산 후 직원을 보고 깜짝 놀랐다. 여직원들의 입술이 모두 빨간색이었다. 물론 잘 어울리는 직원도 있었지만 풋풋한 20대 초의 얼굴에 빨간 립스틱을 바르고 활짝 치아가 보이며 웃는 모습은 뭔가 어색하고 부담스러웠다.

기사를 통해 이 영화관은 여직원의 빨간 립스틱을 필수로 정했다는 것을 알았다. 심지어 어디 브랜드도 동일해야 한다는 매뉴얼이 있다고 한다.

빨간색은 시선을 집중시키는 효과가 있기 때문이라고 담당자는 말한다. 또한 웃었을 때 치아를 더욱 환하게 보이게 하므로 미소가 더욱 밝아 보이는 효과도 있다고 한다.

서비스업에 종사하는 분들의 대한 감사함과 동시에 애잔함이 있는 필자는 '빨간 립스틱을 본인이 아닌 고객을 위해 싫은데 어쩔 수 없이 바른 직원들은 얼마나 스트레스일까?' 라는 생각이 들면서 안쓰러운 마음도 들었던 것이 솔직한 심정이다.

이렇게 형식에 초점을 맞추면 진정성을 표현하기가 힘들다. 영화관 여직원들은 빨간 립스틱이라는 거부할 수 없는 제약으로 고객의 반응을 살필 겨를도 없이 영혼 없는 기계적인 응대를 할지 모른다는 우려가 드는 것은 어쩔 수 없다.

고객센터에서 이런 일은 흔히 볼 수 있다. 특히 콜센터는 얼굴이 보이지 않기 때문에 목소리 표현이 매우 중요하다. 한 콜센터에서 상담원이 상담을 진행했다. 마무리하려는데 갑자기 고객이 윗사람과 통화를 하고 싶다고 했다. 매니저와 연결된 고객이 말했다.

"내가 회사의 처리방침이 마음에 들지 않아 전화를 걸어 상담원과 통화를 막 마쳤어요."

"아, 그러셨어요, 고객님?"

"상담원이 나랑 통화하는 2~3분 동안 '죄송합니다' 라는 말을 3

번 정도 했네요. 그 직원에게 전해주세요. 당신이 말한 그 3번의 죄송하단 말에 나는 단 한 번도 진심을 느끼지 못했다구요."

강성 고객의 클레임보다 이 나즈막한 클레임이 기억에 남고 공감되는 이유는 진정성 없이 기계적으로 응대하는 많은 서비스맨을 수없이 경험했기 때문이다.

진심을 갖고 행동하거나 말하지 않으면 그걸 경험하는 고객은 분명히 안다. 대개 진정성이 없는 말은 일방적인 경우가 많다. 즉 상대의 반응은 보지 않고 앵무새처럼 자신의 이야기만 한다는 것이다.

마음이 없으면
보아도 보이지 않고, 들어도 들리지 않고
먹어도 그 맛을 모른다. -大學

친화매력은 마인드의 문제다. 사람을 좋아하고 사람과 친해지려는 마음이 있으면 저절로 매력이 드러나기 마련이다. 먼저 상대방에게 진심으로 다가가고자 하는 진정성이 꼭 필요하다. 상대와 함께 하고 싶은 다음, 알고 이해하고 싶은 마음, 배려하는 마음, 관계를 향상시키고 싶은 마음을 갖고 무슨 말을 하더라도 상대에게 진정성을 보이며 다음 말을 이어갈 수 있어야 한다.

못다한 친화매력 이야기

필자는 고객센터 아웃소싱 업체에서 본사 사내강사로 재직하였다. 각 프로젝트마다 교육강사가 있었지만 본사 CS강사로는 필자 혼자였다. 약 3000여명의 프로젝트별 직원들을 대상으로 분기별, 월별 CS교육을 진행하였다. 교육기획부터 마무리 보고서까지 필자 혼자 고군분투하며 시간을 보냈다. 참 치열했지만 알찬 시기였다.

지금은 프리랜서로 강의활동을 하면서 퇴사한 회사에 외부강사로 교육을 진행하곤 한다. 한번 맺은 인연을 오랫동안 유지시켜주는 회사가 고맙기만 하다. 퇴사할 때 인수인계를 받은 강사가 필자에게 하는 말이 있다.

"강사님, 잘 지내시죠. 저도 이제 교육을 많이 진행하고 콘텐츠도 꾸준히 계발하고 있습니다. 함께 했던 시간이 짧아서 그런지 그 시간이 자주 생각나고 그립고 해요."

"강사님, 지금도 교육생들 중에 안부 물으시는 분들이 종종 있어요."

"교육생한테 '선생님'이라고 호칭해주면서 그들을 존중해 주셨던 것도 기억에 남고, 점심 먹을 때나 쉬는 시간에 교육생 한 분 한 분한테 가서 말 걸어주고 힘들어하면 어깨 토닥토닥 해주시고, 먼저 다가가서 관심 보이시는 모습이 기억에 남아요."

필자는 교육생이 곧 고객이라고 생각한다. 그래서 필자는 교육 전에 명단을 보고 이름부터 외웠다. 교육이 진행되면 이름과 얼굴 매칭을 빠르게 하고 교육 시간뿐만 아니라 쉬는 시간에도 이름을 불러 주며 친밀하게 다가섰다.

"깔끔한 하얀색 셔츠를 입으신 000선생님 말씀해 주시겠어요?"
"000선생님, 점심 식사 맛있게 드셨어요?"
"000선생님, 피곤하시죠. 서서 말하는 것도 힘들지만 오랜 시간 앉아서 있는 것도 진짜 힘들죠. 대단하세요. 스트레칭 하시고 커피 한 잔 드시면서 쉬세요."

이렇게 대화를 하고 나면 놀라운 일이 벌어진다. 적어도 이름을 불러주고 대화를 나눈 교육생은 졸린 토끼 눈이 되어도 눈을 부릅 뜨고 경청하려고 노력한다. 교육 시간 내내 폭풍 같은 리액션으로 에너지를 전해 준다.

사람은 누구나 자신을 배려해주고 친근하게 대해주는 사람에게는 호감을 느낀다. 또한 존중받고 인정받고 있다는 느낌이 들면 어느 새 그 마음을 돌려주려고 노력한다. 표현해주려 한다.

매력적인 사람이 되고 싶은가?
친근하고 호감 있는 사람으로 보이고 싶은가?
나의 매력을 어필하는 시간보다 먼저 상대방에게 관심을 가지고 자세히 관찰하려고 노력하라. 그리고 상대가 원하는 것이 무엇인지 꾸준히 살피고 원하는 것을 충족시켜 주려고 노력해보자. 친화매력으로 사람 좋은 사람이 되는 길로 들어설 것이다.

PART 6

밀당매력으로 가치를 높여라

밀당은 국가와 국가, 왕과 신하, 신하와 국민,

개인과 개인 사이에서 얼마든지 벌어지는 일이다.

밀당에 능한 사람이 역사의 주인이 되었다.

밀당매력으로
가치를 높여라

왜 밀당매력을 갖춰야 하는가?

청산리 벽계수야 수이 감을 자랑 마라
일도 창해하면 돌아오기 어려우니
명월이 만공산하니 쉬어 간들 어떠리.

황진이는 조선시대 최고의 매력을 지닌 여인이다. 남성 권위주의 시대에 자신만의 매력을 발산하며 그 당시 내로라하는 뭇 남성의 마음을 사로잡았다. 특히 요즘 젊은이들이 말하는 밀당의 고수이기도 했다.

밀당이란 밀고 당기기의 줄임말로 주로 연애 초기 남녀 간의 미묘한 심리 싸움을 의미 하는데 가히 이 부분에서 최고수라 할만하다. 황진이는 빼어난 외모와 기예를 가진 조선 최고의 퀸카였고, 무엇보다 권위와 체면을 중시여기는 당시의 양반과 귀족들의 마음을 사로잡는 밀당의 기술에 뛰어난 재능을 보였다.

하지만 왕족인 벽계수 역시 결코 만만치 않은 권위를 지닌 상대였다. 더구나 그는 이미 황진이 같은 천한 여인이 아무리 유혹을 해도 결코 넘어가지 않을 거라고 호언장담을 한 터였다. 황진이는 오기가 발동해서 어떻게든지 벽계수를 유혹해 보겠다고 장담을 했다. 그리고 그를 유혹하기 위해 선택한 방법이 바로 위의 시조 한 수였다.

달 밝은 밤 벽계수 대감이 지나가는 길목에서 아름다운 목소리로 시조 한 수를 읊은 것이다. 그것도 맑은 계곡물을 비유하는 벽계수의 호와 맑은 달을 뜻하는 자신의 기생 명을 적절히 활용한 것이다.

그냥 들으면 한번 가면 돌아오기 어려운 계곡물을 향해 밝은 달과 함께 어울려 놀다 가라며 자연물에 빗대 인생무상을 노래한 시조지만 그 속에 담긴 뜻은 벽계수를 간절히 유혹하는 노래다.

벽계수님, 그렇게 급히 가지 마세요.
한 번 지나가 버리면 언제 다시 올지 모른답니다.
명월이가 이렇게 당신을 기다리고 있는데 함께 즐겨봄이 어떤가요?

만약에 황진이가 이렇게 직설적으로 말했다면 과연 벽계수가 유혹 당했을까? 아니 위처럼 말했다면 과연 조선시대 최고의 매력을 지닌 여인으로 이름을 남길 수 있었을까?

황진이가 이런 밀당매력을 지니지 못했다면 어쩌면 그녀는 술집에서 몸이나 파는 여느 기생들과 똑같은 삶을 살다 갔을지도 모른다.

밀당은 비단 남녀 사이에만 존재하는 것이 아니다. 국가와 국가, 왕과 신하, 신하와 국민, 개인과 개인 사이에서 얼마든지 벌어지는 일이다. 밀당에 능한 사람들은 역사에 뛰어난 족적을 남기고 있지만, 밀당이 뭔지도 모른 채 살아온 사람들은 어느 한 순간에 패가망신하거나 남의 지배를 받아오기 일쑤였다.

최고의 권력을 가진 왕도 마찬가지다. 신하와 백성의 마음을 얻기 위해서 때로는 강력한 카리스마를 내 뿜고, 때로는 인간적인 모습으로 다가선 왕들이 역사에 이름을 남겼다. 하지만 오직 자신에게 주어진 권력만 믿고 강하게 밀어붙이거나 혹은 자신에게 주어진 권력을 행사하지 못하고 너무 인간적인 모습만 보인 왕들은 온전히 자리보전을 하지 못한 경우가 많다.

어디 왕뿐인가? 아무리 왕의 신임을 얻은 공신이라도 자신의 지위와 위치를 살펴 적당히 밀고 당기기를 하지 않았다가 어느 한 순간 토사구팽을 당해 멸족에 이른 위인들도 허다하다.

교묘한 협상으로 전쟁의 위기에서 나라를 구한 서희 장군과 같은 위인들은 어떠한가? 그들은 한결같이 사람의 심리를 잘 파악해서 적당히 밀고 당기는 기술을 발휘하며 어떠한 상황에서든 자신에게 유리한 결과를 도출해 내서 역사에 훌륭한 업적을 남겼다.

요즘 밀당이라는 말이 많이 회자되는 것은 역사적으로 밀당이 중요했다는 것을 반증하는 현상이다. 예전에는 배운 사람과 배우지 않은 사람의 차이가 컸다. 그래서 남들보다 먼저 정보를 습득한 사람이 그것을 무기로 정보가 부족한 사람에게 내세워 얼마든지 자신이 원하는 결과를 얻어 낼 수 있었다. 굳이 밀당이 아니더라도 선점한 정보만으로도 상대를 설득할 수 있었던 것이다.

하지만 요즘은 교육이 평준화되고 인터넷이 발달하면서 정보의 유통이 빨라지고 먼저 습득한 정보만으로는 자신이 원하는 결과를 얻어내기 힘들어졌다. 아무리 소중한 정보를 알았더라도 조그만 망설이다가는 금세 같은 정보를 습득한 많은 사람들 틈새에서 경쟁을 해야만 한다.

따라서 지금은 그 어느 때보다 밀당의 기술이 필요할 때다. 아무리 뛰어난 능력을 가졌더라도 그것으로 상대의 마음을 얻는 능력을 갖추지 못하면 생존경쟁에서 밀릴 수밖에 없는 사회구조가 되었다. 즉 아무리 좋은 스펙과 뛰어난 능력을 갖췄더라도 궁극적으로는 상대의 마음을 쉽게 얻어내는 밀당의 기술을 배우지 못한다면 그대로 도태될 수밖에 없게 된 것이다.

밀당은 세상 모든 사람의 마음을 얻는 기술이다. 그러면 어떻게 사람의 마음을 쉽게 얻을 수 있단 말인가?

사람은 어떻게든지 관계를 맺고 살아가는데 저마다 속마음을 알 길이 없다. 겉으로 드러나는 행동으로 그 사람의 마음을 가늠할 수 있는데 너무 직설적이거나 소극적이면 상대에게 저항감이나 거부감을 불러일으킬 수 있다.

따라서 밀당의 기술을 익히기 위해서 무엇보다 먼저 적당한 선에서 상대에게 호감을 주며 그의 마음을 얻는 방법이 무엇인가 심사숙고해야 한다.

필자가 이 글의 처음을 황진이의 시조로 연 것은 갈수록 직설적인 말이나 행동이 난무하는 시대에 사는 우리가 자칫 간과하기 쉬운 것이 무엇인지 생각해 봤으면 하는 의도를 담은 것이다.

직설적인 말이나 행동은 의미전달이 정확할지는 모르지만 본래목적인 상대의 마음을 얻는 데는 결코 좋은 방법이 아니다. 상대의 마음을 쉽게 얻지도 못할 뿐만 아니라 자칫 서로에게 상처만 줄 수 있다.

따라서 상대의 마음을 얻기 위해서는 황진이처럼 은근하게, 상대의 입장을 고려해서 너무 노골적이지 않게 의사를 전달하는 밀당매력을 갖추기 위해 끊임없이 노력해야 한다.

그럼 지금부터 은은한 매력을 발산할 수 있는 밀당매력의 세계로 빠져 보자.

면접을 잡으려면 밀당을 즐겨라

"한번 우리를 웃겨 보세요."

정지영 아나운서가 입사면접에서 최종 미션으로 받은 질문이라고 한다. 신입사원이 기라성 같은 어른들이 있는 면접 자리에서 이런 미션을 받고도 당황하지 않는다면 이미 반은 성공한 것이다.

생각해 보자.

여러분이라면 어떻게 하겠는가?

정지영 아나운서는 그 상황에서 전혀 당황하지 않고 천연덕스럽게 면접관에게 되물었다고 한다.

"혹시 정치인과 정자의 공통점이 무엇인지 아시나요?"

이제 갓 대학을 졸업한 사회 초년생이, 그것도 예쁘장하게 생긴 여학생이 아무렇지도 않게 이렇게 되물으니 순간 정적이 흘렀다고 한다. 오히려 면접관이 당황한 것이다. 정지영 아나운서는 그 모습을 보고 즐기듯이 잠시 시간을 끌었다고 한다. 잠시 당황했던 면접관은 다시 되물었다.

"그래, 정치인과 정자의 공통점이 뭔가요?"

"예, 둘 다 사람이 될 확률이 낮다는 것입니다."

한 순간 근엄했던 면접관들이 빵 터졌다고 한다.

정지영 아나운서는 그 순간 '아, 됐다!' 는 감을 잡았다고 한다.

"미스코리아 설수진과 설진선 씨의 공통점과 차이점에 대해서 1분 안으로 이야기해 보세요."

필자가 모 홈쇼핑 방송사에서 면접을 할 때 받은 질문이다. 소위 압박 면접으로 유명하다는 것은 알고 있었지만 정말 생각조차 못했던 질문이다. 순간 속된 말로 '멘붕'에 휩싸였다. 불안해서 눈동자를 어디에 둬야 할지 몰랐고, 입은 바싹바싹 말랐다. 세상에 태어나서 언제 또 그렇게 말을 더듬었던 적이 있나 싶을 정도였다. 1분이 1년 같았고 지금도 생각조차 하기 싫을 정도로 지워버리고만 싶은 기억이다.

필자는 면접을 보기 전 자기소개나 프레젠테이션 준비는 나름 철저하게 했다고 자신했다. 그런데 예상치 못한 질문이 나오자 당황할 수밖에 없었다. 어차피 정답이 있을 수 없는 질문이라는 것을 알았기에 여유를 찾아야 했는데 이론과 실상은 달랐다. 그때는 정말 당황해서 아무런 생각도 들지 않았다.

쇼호스트에게 가장 필요한 능력이 순발력이다. 어떤 순간에도 임기응변으로 최고의 상품으로 만드는 능력을 발휘해야 한다. 또한 쇼호스트는 고객과 밀당을 할 줄 알아야 한다. 적당한 선에서 리모컨을 멈추게 할 줄 알아야 하고, 적당한 선에서 결단을 내려 결재를 하게 이끌어 내야 한다.

그런 점에서 쇼호스트를 뽑는 면접은 최고의 밀당을 필요로 하는 자리다. 짧은 순간에 자신을 최고의 상품으로 포장해서 면접관이라는 고객이 구입할 수 있도록 해야 한다. 그런데 순간적으로 당황했으니 탈락의 고배를 마시는 것은 당연한 수순이었다.

그 경험을 통해 필자는 많은 것을 얻었다. 실패경험도 소중한 자산이라는 것을 알았고, 밀당의 고수들인 쇼호스트의 세계를 접하면서 결국 세상의 모든 면접이 밀당의 연속이라는 것을 알았다.

한국경영자총협회는 405개 기업을 대상으로 '2014년 신입사원 채용실태 조사'를 실시한 결과, 대졸 신입사원의 1년 내 퇴사율이 25.2%에 이른다고 한다. 곧 4명 중 1명은 1년 안에 회사를 관둔다는 이야기다.

회사는 신입직원을 채용하고 교육하는 과정에서 많은 비용을 투자한다. 회사 입장에서는 당장의 이익이 아니라 좋은 인재에게 미래 가치를 보고 투자하는 것이다. 그런데 신입직원들이 입사 후 조기 퇴사를 하게 되면 기업 입장에서는 시간과 비용에 대해 그만큼 손해를 보게 된다.

그렇기 때문에 기업들은 지원자가 정말 우리 회사를 원해서 지원했는지 그 만큼의 열정이 있는지를 확인하고 또 확인할 수밖에 없다.

그 속에도 밀당의 매력이 있다. 기업에서는 이미 자기소개서나 서류전형을 통해 그만그만한 인재를 선별한다. 이제 그 사람이 진짜 열정을 갖고 우리 회사에서 일할 사람인지를 가려내는 절차가 남았을 뿐이고, 면접에서 적당한 미끼를 던져 그 사람이 과연 끝까지 기업에 남아 있을 사람인지 시험해 보는 것이다. 적당히 밀고 당기는 문제를 통해 기업에 오래 남을 인재를 선별하려는 것이다.

입사철을 맞아 모 신문에서 입사지원자들에게 제공하기 위한 정보로 나온 이야기다. 모 기업에서 영업직 사원을 뽑는 면접장에서 있었던 이야기라고 한다. 한 수험생의 서류를 보던 면접관이 이렇게 물었다고 한다.

"서류를 보니 학창시절에 공부를 참 잘 했네요. 특히 꼼꼼하고 통계와 수치에 뛰어난 능력을 보였는데, 만일 우리 회사에 입사해서 총무부나 인사부에 발령이 난다면 어떻게 하겠습니까?"

생각해 보자.

여러분이라면 뭐라고 할 것인가?

지금 면접관은 고도의 밀당 퀴즈를 낸 것이다. 잘 잡으면 합격이고, 잘못 잡으면 밀려나서 고배를 마실 수밖에 없다.

자신감이 넘쳐 보이는 수험생은 이렇게 말했다고 한다.

"예, 맡겨만 주신다면 무슨 일이든지 잘 할 수 있습니다. 특히 그쪽은 제 전문분야여서 더욱 자신이 있습니다."

이 수험생은 어떻게 되었을까?

전문가들은 이 상황에서는 거의 100% 탈락이라고 한다. 이 문제를 제시한 기업 인사 담당자는 인터뷰에서 그 이유를 이렇게 밝혔다.

"이 문제는 다른 부서에 발령을 냈을 때 어떻게 하겠냐고 물어본 것이 아니라 지금 지원한 영업부에 얼마나 열정을 갖고 일할 수 있느냐를 물어본 것입니다."

어쩌면 영업부 직원을 뽑으려고 자리에 앉았던 면접관은 영업이 힘들다고 중도에 포기할 확률이 높은 수험생을 가려냈다고 놀란 가슴을 쓸어 내렸을지도 모른다.

면접관은 밀당에서 이긴 것이고, 수험생은 보기 좋게 밀당에서 밀려난 것이다.

지금 이 순간에도 면접에서 예상치 못한 질문이나 난처한 질문에 당황해서 속수무책으로 당하는 후배들이 많다. 이런 후배들에게 지금부터라도 밀당의 고수가 되기 위해 노력하라고 강조한다.

밀당을 잘 하는 사람을 보면 자신감이 넘친다. 또한 어떤 상황에서도 당황하지 않고 그 순간을 즐기는 경우가 많다. 그래서 어느 순간에도 자신을 놓치지 않는다.

밀당의 고수가 될 것인가, 밀당의 피해자가 될 것인가? 면접에서 합격할 것이냐 불합격할 것이냐가 바로 밀당에 달려 있다.

밀당할 것인가, 당할 것인가?

계절이 바뀔 무렵이면 백화점을 비롯한 많은 유통업체가 세일 경쟁에 들어간다. 달력에 날짜를 체크해 두고 그 날만을 기다리는 고객들도 적지 않다. 그런데 이런 고객들을 김빠지게 하는 경우도 많다.

분명 세일 행사 리플렛에는 'OO 브랜드 패밀리 세일! 90%, 13일 단 하루'라고 적혀 있었는데 막상 세일 장소에 가보면 큰 배신감을 느끼게 만든다.

마음에 드는 옷을 재빠르게 집어 들고 계산대로 갔는데 "이 옷은 할인율이 20%입니다."라는 직원의 말에는 얼굴마저 확 붉어진다.

"분명 리플렛엔 90%라고 되어 있던데요."

직원은 상냥하게 웃으며 이야기 한다.

"고객님, 자세히 보시면 90%~10%까지라고 적혀 있습니다."

매대도 마찬가지다. 90% 세일 상품은 앞부분에 몇 개만 있다. 이 것저것 들쳐 입다가 뒷부분의 마음에 드는 옷을 계산하려고 하면 거의 30% 세일인 경우가 많다.

'낚였다.'

속으로는 화가 나지만 괜히 없는 티만 내는 것 같아 그냥 결재를 하는 사람들도 적지 않다. 특히 체면을 중시하는 남성들의 경우 거의 낚여서 구매를 하는 경우가 많다.

어디 그뿐인가? 일부러 시간을 내서 그곳에 가기 위해들인 시간과 비용이 아까워 마지못해 맘에도 없는 90% 세일 상품을 사거나, 90% 세일 상품 중에는 마음에 드는 것이 없어 좀 저렴하다 싶은 30% 세일 상품을 사왔다가 그 정도 세일은 일반 매장에서도 한다는 것을 알고 후회하는 경우도 많다.

세일 행사는 기업체에서 고객을 상대로 고도의 밀당게임을 벌이는 것이다. 기업이나 가게에서는 어떻게든 이익을 남기려고 세일을 한다. 재고처리라는 명분도 있지만 어떻게든 이익이 생길 때 세일이 성립하는 것이다.

그들은 고객의 주머니를 열기 위해 다양한 마케팅 전략을 펼친다. 때로는 고객의 입장에서 어이없이 당했다는 생각이 드는 경우가 많은 이유가 여기에 있다.

그래서 현명한 소비자라면 '당했다', 혹은 '낚였다' 라는 함정에 빠지지 않기 위해서는 그들이 벌이는 끊임없는 밀당 게임의 전략을 알아야 한다.

많은 사람이 당했다고 하는 세일 기간에도 알차게 쇼핑을 즐기는 이들이 있다. 그들은 기업체에서 무엇을 원하는지 잘 알고 역으로 밀당 게임의 승자가 된다. 빨리 재고품을 소진하는 것이 이익이라는 기업체의 입장을 파악해서 적당히 밀당 게임에 뛰어 들어 자신이 원하는 품질 좋은 제품을 저렴하게 구입할 줄 안다.

밀당 할 것인가, 당할 것인가는 순전히 자신의 몫이다. 간혹 기업체에서도 밀당을 제대로 하지 못해 오히려 손해를 보는 경우도 많다.

대표적인 것이 허니버터칩이다. 한동안 허니버터칩은 신비주의로 많은 고객들과의 밀당 게임에서 승리한 것처럼 보였다. 기존의 감자칩에 달콤함을 가미한 과자는 전국적으로 품귀 현상을 빚는 등 난리가 났었다. 인터넷을 통해 웃돈을 더 주고 구입을 하는 고객, 재고가 있는 곳까지 먼 곳을 마다 않고 달려가는 고객 등 , 과자 한 봉지로 인해 웃지 못 할 많은 해프닝들이 발생했었다. 심지어 자식들에게 이 과자를 구입해 주는 것이 부모 능력의 척도로 부각되기도 했다. 정치인이 다량으로 구입해서 자신의 능력을 과시하다가 권력을 남용한다는 역풍을 맞는 현상까지 벌어졌을 정도로 그 인기는 대단했다.

필자 역시 이 과자에 얽힌 웃지 못 할 경험이 있다. 평상시 과자를 그다지 즐기지 않지만 인기가 대단하다고 하니 한 봉지 먹어 보고 싶다는 생각이 들었다. 마침 지인 중에 과자와 관련한 업무를 하는 사람이 있어서 살짝 부탁을 해 보았다.

"차장님, 그 과자 좀 구할 수 있을까요? 먹어 본 사람마다 맛있다고 난리던데 얼마나 맛있는지 먹어 보고 싶어서요."

"강사님, 지난번에 새로 나온 과자인데 어떤지 한 번 드셔보라고 드렸었잖아요."

"아!?"

그때서야 기억이 났다. 신상품 맛이 어떤지 의견을 알려 달라며 몇 주 전 과자 한 봉지를 받았었다. 평상시 과자를 그다지 즐기지 않는 편이라 책상에 올려놓고 잊고 있다가 한참이 지난 후에야 봉지를 따서 주위 동료들과 나눠 먹었던 기억이 났다.

동료 중에는 생에 처음 접해 보는 맛이라며 최고의 과자라고 칭찬했다. 하지만 필자는 "이 맛도 아니고, 저 맛도 아닌 그저 그런 과자네요."라고 평했던 적이 있다. 그런데 몇 주가 지난 후 그 과자는 손에 넣고 싶어도 쉽게 넣지 못하는 인기상품이 되었다.

사람들이 인터넷 SNS를 통해 과자 한 봉지를 구하기 위해 처절한 후기를 올릴 때마다 사람들은 더 열광했다. 오죽하면 이 맛도 저 맛도 아니라고 평가 절하했던 필자 역시 그 때는 맛을 제대로 느끼지 못했을 수도 있다며 과자 구하기 전쟁에 뛰어 들었을 정도였다.

호사가들은 제조업체가 과자의 인기를 더 끌어올리기 위해 일부러 생산량을 조절한다는 말을 퍼트리고 다녔다. 실제로 최근에 이처럼 고객을 안달 나게 만드는 마케팅이 성공하는 경우가 많다.

'헝거 마케팅', 잠재 고객을 '배고픔(Hungry)' 상태로 만드는 마케팅 전술이다. 쉽게 구할 수 없을수록 더 구하고 싶어 하고, 쉽게 갖지 못할수록 더욱 갖고 싶어 하는 소비자의 심리를 반영한 전형적인 밀당 마케팅이다.

'헝거 마케팅'은 장점도 있지만 결정적인 단점이 있다. 과도한 마케팅 전략은 오랫동안 굶주린 고객들이 다른 곳으로 눈으로 돌리게 만들 수 있다. 더구나 현실은 냉혹한 생존경쟁의 전쟁터다. 하나가 잘 된다면 다른 업체에서 유사한 품목으로 달라붙기 일쑤다.

허니버터칩의 열풍도 다른 경쟁업체에서 유사한 제품을 출시하게 만들었다. 고객들은 허니버터칩에 매달리기보다 얼른 경쟁사 제품에 눈을 돌리기 시작했다. 꿩 대신 닭으로 선택한 제품에 만족한 고객들은 더 이상 허니버터칩의 '헝거 마케팅'에 희생양이 되지 않았다.

노련한 낚시꾼은 줄을 풀기도 하고 때로는 신속하게 당기면서 월척을 낚지만, 어설픈 낚시꾼은 줄을 풀거나 당길 줄만 알아 월척은 커녕 준척도 건지지 못하는 경우가 많다.

밀당도 마찬가지다. 무조건 당기거나 느슨하게 하는 것만으로는 어림도 없다. 적당한 선에서 풀고 당겨야 상대의 마음을 사로잡을 수 있는 것이다.

밀당이라는 단어가 본격적으로 쓰이기 전부터 밀당은 언제나 우리 삶과 함께 해왔다.

요즘에는 남녀 관계의 줄다리기에 밀당이라는 말이 쓰이기 시작하면서 보편화되고 있지만 사실 밀당은 남녀 간의 연애뿐만 아니라 서로 관계를 맺고 있는 모든 사람 사이에 늘 있는 일이다.

그런데 재미있는 것은 이 피 말리는 밀당 속에서 누군가는 늘 주도권을 잡고 자신이 원하는 것을 얻어 가지만 누군가는 늘 끌려 다니며 자신의 쓸개까지 다 내 준다는 것이다.

이제는 분명히 알아야 한다. 밀당은 더 이상 남의 이야기가 아니다. 스스로 밀당의 주인이 되지 못하면 밀당의 노예가 될 뿐이다.

그렇다면 이왕 밀당의 기술을 잘 배워 자신의 원하는 것을 쉽게 얻어가는 밀당의 주인이 되어야 하지 않을까?

필자 역시 밀당의 노예가 되었던 시절이 있었다. 면접에서 밀당에 당해 고배를 들이켜야 했고, 직장 초보시절에 완급 조절을 하지 못해 회사 선배들에게 호되게 야단을 맞기도 했다. 사소한 문제로 다툼을 벌이다 연인과 원치 않은 이별을 했을 때는 그것이 밀당이라는 것도 모른 채 끌려 다니며 끊임없는 괴로움 속에 살아야 했다.

하지만 밀당의 법칙을 알고부터는 적어도 괴로워하는 일은 없다. 아직 밀당에 서툴러 당하는 경우도 더러 있지만 그것 때문에 시련을 겪는 일은 없다. 이제 밀당에 많이 익숙해졌기 때문이다.

밀당 할 것인가, 당할 것인가?

선택은 오직 본인에게 달려 있다.

밀당의 기술로 '썸'의 승자가 되자

내 거인 듯 내 거 아닌 내 거 같은 너

니 거인 듯 니 거 아닌 니 거 같은 나

이게 무슨 사이인 건지 사실 헷갈려~

－소유(feat. 정기고)의 '썸' 중에서

"아!! 답답해! 그 사람 마음을 모르겠어!! 어제 데이트할 때까지만 해도 분명 연애 시작 같았는데, 오늘은 또 하루 종일 연락이 없어."

필자 역시 친구들과 모여 이런 고민들을 나누곤 했다. 그때는 '썸'이라는 말은 없었지만, 사랑하는 사람끼리 서로 간만 보거나 밀당을 하며 애간장을 태우는 것은 마찬가지였다.

'썸'의 명확한 정의를 내리기는 어렵지만 보통 연인으로 가기 위한 전 단계, 혹은 연인이 될 가능성을 알아보는 검증 단계라 할 수 있다. 그야말로 좋아는 하면서도 상대에게 거절당할까 봐 적당히 '밀당'만 하느라 애간장을 태우는 단계이다.

노매력 씨는 소개팅에서 멋진 남성을 만났다. 훈훈한 외모 못지 않게 유머와 매너까지 갖춘 이상형에 가까웠다. 소개팅에서 애프터 신청으로 이어졌다. 친구들은 '썸남'이 생겼다며 축하해 주었다. 그러면서 '연애'로 발달하려면 '밀당'을 잘해야 한다며 조언을 아끼지 않았다.

"처음에 너무 호감을 보이면 남자들이 쉽게 질릴 수 있어. 적당히 튕기는 것이 여자의 매력이야. 만나자고 덥석덥석 만나지 말고….
카톡에 덥석덥석 답하지 말고….”

“그래, 남자들은 자기를 약간 불안하게 하는 여자에게 매력을 느
낀대. 주말에 바쁜 척도 좀 하고, 밀당을 해야 해 밀당을….”

결과는 어떻게 되었을까? 노매력 씨는 그해 크리스마스를 ‘밀당’
에 대한 조언을 아끼지 않았던 세 명의 친구와 함께 보내게 되었다.
이상형인 남성을 놓쳐버린 것이다.

무엇이 문제일까? ‘썸’을 타는 단계에서 가장 경계해야 하는 것은
주변 동성 친구들의 충고다. 조급한 마음에 또래의 의견에 너무 따르
다 보면 정작 파악해야 할 이성의 마음을 읽는 눈을 가릴 수가 있다.

‘밀당’은 말 그대로 밀고 당기기다. 혼자서 할 수 있는 것이 아니
라 반드시 상대가 있어야 성립되는 게임이다. 자신의 처지와 상대
의 마음을 먼저 읽을 줄 알아야 한다.

〈유혹의 기술〉의 로버트 그린은 상대방을 유혹하기 위해서는 두
가지를 알아야 한다고 주장한다.

첫째는 자신의 매력이 무엇인지 알아야 한다.

둘째는 목표물(상대)에 대해 알아야 한다.

자신의 성격이나 매력을 모른 채 유혹하는 것은 속임수 쓴다는
인상을 줄 수 있고, 반대로 상대에 대한 이해 없이 자신의 매력만을
밀어 붙일 경우 심각한 실수를 저지를 수 있다.

나매력 씨는 최근 멋진 연인이 생겼다. 그런데 재밌는 것은 상대가

대학시절부터 4년 넘게 친하게 지내 오던 친구라는 것이다. 친구는 훈훈한 외모에 유머러스한 성격으로 많은 여성들에게 인기를 끌었다.

그에 비해 매력 씨는 귀여운 인상이긴 하지만 미인이라는 소리를 듣는 편은 아니라 남자친구에게 호감은 있었지만 선뜻 다가가기가 어려웠다.

"첫째는 예쁜 여자, 둘째는 예쁘면서 착한 여자, 셋째는 예쁘면서 재밌는 여자."

남자친구는 자신의 이상형을 이렇게 밝혔다. 그래서인지 여자들한테 인기는 많았지만 '썸'에서 '연인' 관계로 넘어서지 못하고, 그때마다 나매력 씨에게 상담을 해왔다. 매력 씨는 진심으로 그의 고민을 들어주고 함께 해 주었다. 마음이 가는 상대의 연애 상담을 해주는 것이 그리 즐거운 일은 아니었지만, 친구로서의 우정도 깊었고 가끔은 남자친구처럼 본인을 챙겨주는 그 친구와 관계를 끊고 싶지 않았기 때문이다.

"매력아, 이번에 만난 그녀랑은 뭐가 문제였을까?"

"어떻게 하면 그 썸녀와 잘 될 수 있을까?"

매력 씨는 진지하게 들어주고 마치 친오빠의 고민을 들어주는 것처럼 정성을 다했다.

"너의 매력은 유쾌한 성격과 리더십 있는 모습이니깐 그런 모습을 어필해 보는 게 어때??"

"가끔은 너무 당기는 남자들이 부담스러운 여자들도 있을 수 있으니, 이번에는 조금 천천히 다가가면서 너의 진지한 모습을 전해보면 어때?"

매력 씨는 그와 오랜 시간을 하면서 장점과 단점을 파악했고, 가끔은 유치한 칭찬에도 아이처럼 즐거워하는 친구의 순수한 마음도 잘 알게 되었다.

상대방이 좋아하는 것, 성격, 취미 등에 대해 아는 것이 많은 만큼 함께 할 수 있는 것들이 많아지면서 함께 하는 시간이 즐거워지기 시작했다.

매력 씨는 결코 먼저 자신의 속마음을 드러내지 않았다. 자연스럽게 남자친구가 자신의 마음을 알아차릴 수 있도록 배려하고 인내하며 기다려 주었다. 남자친구가 빠져나갈 때쯤이 되면 그의 장점을 추켜세우며 칭찬하는 것을 잊지 않았다. 자신의 감정을 조절하며 적당한 선에서 밀고 당기는 힘을 잃지 않은 것이다.

그러자 어느 날 남자친구가 먼저 고백을 해왔고 매력 씨는 자연스럽게 좋아하는 남자의 마음을 사로잡을 수 있었다.

나매력 씨는 무엇보다 자신을 잘 알았다. 자신에게는 외모보다 상대의 말을 잘 들어주고 장점을 잘 찾아 배려하고 격려해주는 장점이 있다는 것을 알았다. 그래서 더욱 의도적으로 자신의 장점을 살려 친구의 고민을 진지하게 들어주고 그의 장점을 찾아 부각시키고 격려해 주었던 것이다.

또한 나매력 씨는 상대에 대해 잘 알았다. 몇 차례 고민을 들어주는 과정에서 그가 칭찬에 약하다는 것과 자신에게 매달리는 여자를 좋아하지 않는다는 것을 알았다. 많은 인기를 누리는 과정에서 부러움의 대상은 되었지만 정작 자신의 마음을 이해해주는 친구가 없다는 것을 알게 된 것이다. 그래서 그를 만날 때마다 최대한 그의 말을 들어주고 공감하며 그가 가장 좋아하는 칭찬을 빼놓지 않았다. 그리고 최대한 자신의 속내를 드러내지 않았고 그가 아무 때나 부담 없이 다가설 수 있는 자리를 마련해 놓았다.

그러자 마침내 그 결실을 맺게 된 것이다.

무의식적인 밀당을 경계하라

"팀장님, 저 드릴말씀이 있는데요."

"죄송하지만 저는 이 일과 안 맞는 것 같아요. 그만 두고 싶습니다."

"왜 관두고 싶은데? 고객들도 나매력 씨 친절하다고 다 좋아하고 선배들도 예뻐하는데? 처음엔 어떤 일이든 다 힘들어요. 도와 줄 테니 조금만 견뎌 봐요."

금융회사에 근무하는 나매력 씨는 고객을 응대하는 일과 꼼꼼함이 요구되는 금융 업무에 많은 스트레스를 받았다. 게다가 까다로운 고객응대에 지치면서 자존심도 많이 상한 상태였다.

그런 나매력 씨를 담당팀장은 손수 커피를 타주면서 한참 타이르고 위로해 주었다. 조금은 안정된 마음으로 돌아왔다.

하지만 두 달 뒤 나매력 씨는 또 담당팀장을 찾았다.

"팀장님, 전 도저히 안 될 거 같아요. 전 꼼꼼하지도 못하고 제가 하고 싶은 일과도 다르고 하루하루가 괴로워요."

팀장은 펑펑 눈물을 흘리는 나매력 씨를 또 한 번 위로하면서 바람 좀 쐬고 오면 나아질 거라며 한창 사업장이 바쁠 때였음에도 불구하고 휴가를 보내주었다.

하지만 나매력 씨는 그 후로도 힘들 때마다 눈물을 보이며 그만두고 싶다는 말을 반복했다. 그러던 어느 날 바로 직속 선배가 나매력 씨를 불렀다.

"나매력 씨, 내가 팀장님이라면 더 이상 안 잡을 거 같아. 처음엔 무슨 일이든 다 힘들고 어렵고 성에 안 차지. 그래도 선배들이 그렇게까지 설득하는데 계속 그런 태도라면 진지하게 스스로에 대해 생각해 봐요. 회사는 학교도 아니고 우리는 나매력 씨의 선생님이 아니라는 것도 꼭 이야기 해주고 싶네요."

그때 내심 위로를 기대했던 나매력 씨는 선배의 따끔한 한 마디에 섭섭한 마음이 들었다. 이 회사에 들어오기 위해 그동안 기울인 노력들이 주마등처럼 흘러갔다. 회사에 취직만 하면 뭔가 큰일을 할 수 있을지 알았다. 하지만 매일 반복적인 업무와 고객의 비위를 맞추는 서비스 업무에 화가 났다.

'나는 이런 일을 하려고 공부하지 않았어.'

그래서 이런 생각도 떨칠 수 없었다. 힘들 때마다 그만 두겠다고 한 것이고, 그때마다 위로를 받았던 것인데 이번에는 정반대로 정곡을 찔린 것이다.

나매력 씨는 며칠 곰곰이 고민했다. 정말 하고 싶은 것이 무엇인가? 생각해보니 금융회사에 들어오는 것은 대학 때부터 나매력 씨의 꿈이었다. 때로는 단순한 업무가 지루할 때도 있지만 조금씩 새로운 업무를 배울 때마다 성취감도 있었다. 가끔은 까다롭게 괴롭히는 고객들도 있지만 밝은 얼굴로 나매력 씨를 칭찬해 주는 고객들이 더 많았다.

선배의 충고로 그동안 회사를 그만 둘까 말까 무의식적으로 밀당하는 자신의 마음을 점검해 보는 시간을 갖게 된 것이다. 이제 무의식적인 밀당에서 벗어나 확실하게 어느 한 쪽을 선택하는 길만 남아 있었다.

'다른 회사에 간다면 이 모든 것들이 바뀔까? 나 자신에게 시간을 줘 보자. 딱 1년만 더 해보자. 그만둘 때 그만두더라도 1년간은 최선을 다해보자. 그때도 아니라면 후회 없이 그만두자.'

그랬던 것이 엊그제 같은데 어느덧 10년이 지나 한 직장에서 인정받는 직원 나매력 씨로 자리 잡은 것이다.

나매력 씨는 지금도 그 생각만 하면 얼굴이 화끈해 진다. 그때는 정말 힘들어서 한 말이지만 되돌아보니 그것은 무의식적인 밀당게임을 한 것에 불과했다. 이제 선배가 되어보니 그때 자신이 벌인 밀당에서 팀장이 얼마나 큰 인내력을 발휘해 준 것인지 알 수 있었다. 만약에 그때 직속 선배가 돌직구를 날려 아슬아슬한 밀당의 끈을 끊어주지 않았으면 어떻게 되었을까?

"그래, 그렇게 힘들면 그만 두어야지. 어쩌겠어?"

자신의 무의식적인 밀당에 지친 팀장이 이렇게 말하고 얼른 사표를 수리했다면 오늘의 나매력 씨는 어떤 모습을 하고 있었을까?

"선배님, 드릴 말씀이 있는데요."

나매력 씨에게 입사한 지 얼마 안 된 후배가 또 찾아왔다. 금방이라도 눈물이 터져 나올 것 같다. 표정만 보고도 무슨 말을 할지 짐작이 간다.

"정 힘들면 월차라도 써서 머리를 식히고 와야지."

그동안 몇 번은 이렇게 배려해주며 후배의 고민을 풀어주기 위해 노력해왔다. 그런데 언제까지 이런 식으로 받아 줘야 하는지 고민할 수밖에 없는 시점이 왔다.

예전의 선배가 그랬듯이 자신도 후배에게 따끔하게 돌 직구를 날려야 할 때가 되었다고 생각했다. 이대로 방치하면 후배는 버릇이 되어 동료나 선배들에게 좋지 않은 영향을 미칠 것이 뻔하기 때문이다.

"그래서? 언제까지 밀당을 할 참이야?"

"예?"

나매력 씨가 강하게 나가자 후배는 깜짝 놀랐다. 고민을 털어놓으면 여느 때처럼 잘 받아주고 풀어줄 줄 알았는데, 갑자기 정색을 하고 밀당을 하지 말라니 어안이 벙벙할 따름이다.

"이제 적당한 선에서 내가 무슨 짓을 하고 있는지 알아차릴 필요가 있어. 생각해 봐. 여기는 직장이야. 계속 이러면 더 이상 봐줄 사람도 없어. 어쩌면 적성에 맞지 않아서 그러는 건지 모르니까 지금이라도 다른 선택을 하는 게 좋을 수도 있을 거야. 이 일을 계속 할 것인지, 아니면 다른 일로 갈아 탈 것인지…. 그동안 선배들이 많이 배려해줬으면 이제 진지하게 스스로를 돌아볼 필요가 있어. 회사는 학교도 아니고 선배는 후배를 가르쳐주는 선생님도 아니라는 것을 꼭 알아주었으면 싶어. 그들도 똑같이 힘들어. 단지 표현을 안 하고 자신이 해야 할 일을 선택하고 뚜벅뚜벅 앞으로 갈 뿐이야. 그런데 계속 같은 문제로 이러면 더 이상 잡아 줄 수가 없는 거야. 적당한 선에서 끝내고 얼른 자신의 자리를 잡아야지."

나매력 씨는 후배가 좀 더 알아들을 수 있도록 잠시 직장인의 애환을 담은 인기 만화 '미생'이 TV드라마로 방영되었던 장면의 이야기를 들려주었다.

신입직원 장백기는 입사와 동시에 자존심을 크게 상한다. 자신의 능력이라면 커다란 프로젝트를 기획하는 중요 업무를 할 줄 알았는데 사수인 강대리에게 매번 작은 업무만 부여받는다. 아르바이트생이나 할 법한 일만 주는 사수에게 화가 난 장백기는 회사를 옮길 결심을 한다. 하지만 막상 일을 시작하면서 자신이 얼마나 부족한지 알게 된다. 사수인 강대리가 그것을 일깨워주려고 혹독하게 트레이닝 시켰다는 것도. 그때 장백기가 자신을 무시한다고 다른 직장으로 옮겼으면 어떻게 되었을까?

어느 조직이든 신입직원들에게 원하는 능력과 태도는 비슷하다. 조직의 문화에 적응하고 가장 기본적인 업무를 꼼꼼하게 숙지해야 한다.

많은 신입직원들은 이것을 잘 받아들이지 못한다. 자신의 능력에 비해 지금 하는 일이 보잘 것 없고, 자신의 능력 이하라고 생각하기 때문이다.

하지만 분명히 알아야 할 것이 있다. 막연히 자신이 잘 할 수 있다고 생각하는 것은 자신감이 아닌 자만심일 뿐이다. 그런 생각으로 회사를 바꾼다면 결과는 뻔하다. 이력서에 잦은 회사 이동이 있는 사람을 기업체에서는 그다지 달가워하지 않는다. 능력이 있는 사람이기 때문에 여러 회사를 거쳤다는 생각보다는 조직에 적응하지 못한 무능력이 더 두드러져 보이기 때문에 재취업을 하기도 힘들 뿐만 아니라 어디에서도 인정받기 힘들다.

그런데 정작 당사자는 착각을 하고 있다. 여기 아니면 일할 곳이 없냐는 식으로 쉽게 말한다. 이직을 할까 말까 무의식적으로 밀당을 하며 선배와 동료들을 힘들게 만드는 것이다. 그나마 다독여 주고 이끌어 주는 선배를 만나면 다행이지만, 그 정도가 지나쳐 잡아 주는 이가 없어서 직장을 그만 둘 수밖에 없는 처지가 되면 막상 갈 곳도 없게 되는 것이다.

"그래서? 언제까지 밀당을 할 참이야?"

지금 자신도 모르게 힘들다는 말을 입에 달고 사는 이라면 반드시 명심해야 한다. 아직 "힘들다"는 말을 들어주는 사람이 있다는 것은 커다란 복이다. 아직은 내가 뒤로 뺄 때 당겨 주는 사람이 있다는 것은 자신도 모르게 무의식적으로 해대는 밀당을 받아주는 인복이 있다는 것이다.

하지만 그 복이 나에게 무슨 보탬이 될 것이라 생각하는가? 또한 그 복이 얼마나 오래 갈 것이라 생각하는가?

매 순간 자신도 모르게 저지르는 무의식적인 밀당을 경계해야 하는 이유가 여기에 있다.

나약한 자신과 밀당하는 우리들, 파이팅!

노매력 씨는 매일 밤이면 한숨을 크게 쉬고 스마트폰의 알람을 확인한다. 오전 5시 30분, 6시, 6시 30분…. 30분 단위로 알람을 세 번이나 맞춰 뒀지만 안심할 수가 없다. 알람소리도 가장 좋아하는 노래로 맞춰두고 잠자리에 누웠다. 시간은 참 빠르다. 잠시 눈을 붙였나 싶었는데 어느덧 음악이 흘러나온다. 아침마다 하는 알람과의 밀당, 처참하기만 하다.

어디 출근시간뿐인가? 새해만 되면 거창한 계획을 세웠다가도 작심삼일이기 일쑤다.

매번 '해야지!' 라는 마음과 '귀찮아.' 라는 마음이 밀당하기에 바쁘다. 잘 살려고 하는 마음과 대충 살려고 하는 마음이 밀당을 하는 데 매번 대충 살려고 하는 마음에 끌려 다니는 이들이 많다.

지금까지 많은 이들은 작심삼일을 개인의 나약한 의지로 책임을 돌렸다. 하지만 최근 이런 주장을 뒤엎는 주장이 눈길을 끈다.

"문제는 당신의 의지가 아니라 당신이 쓰고 있는 습관 전략이다!"

〈습관의 재발견〉의 저자 스티븐 기즈는 사소하지만 강력한 '작은 습관'의 힘을 강조한다. 무작정 큰 목표를 세우기보다 당장 지킬 수 있는 사소한 행동을 습관으로 들이는 것이 더 중요하다는 것이다. 매일 밤 '팔굽혀 펴기 한 번하기'를 습관으로 들였다는 저자는 지키지 않는 것이 더 힘들 정도의 작은 계획부터 세우고 실천하라고 한다.

필자는 최근 독서 릴레이 프로젝트 1일 60쪽 읽기로 재미를 보고 있다. 10주간 매주 이뤄지는 모임에서 책 읽고 브리핑하는 스터디를 시작했다. 보통 300쪽 전후의 책을 매일 60쪽씩 읽기로 했다. 이때 60쪽을 그냥 읽으면 실패할 확률이 높으니 장치를 마련했다. 각자 편한 시간에 책을 읽고 스터디 단체 메시지 창에 성공 여부를 밝히는 것이다. 간단해 보이지만 60쪽을 정독을 하려면 1시간 가량이 필요하다. 결코 쉬운 일이 아니다. 그런데 이렇게 장치를 마련해 놓으니까 처음에는 가끔 성공하기도 실패하기도 했던 조원들이 날이 갈수록 성공 확률이 높아졌다.

조원들의 응원이 큰 도움이 되었다.

"오늘도 성공하셨군요. 멋지십니다."

"저도 그 책을 읽어 봐야겠어요. 축하드립니다."

작은 계획이지만 지속적으로 이어지면서 어느덧 자리를 잡기 시작했다. 한 달에 한 권 읽기도 힘들어하던 조원들이 1주일에 1독에서 2독이 습관화된 것이다.

처음부터 1주일에 책 한 권씩 읽고 성공여부를 알려 주세요라고 했다면 실패했을 확률이 높다. 하루 1시간 독서 계획 역시 바쁘다는 핑계로 미루다 실패했을 지도 모른다. 하지만 다함께 60쪽이라는 작은 계획을 세우고 이를 실천하기 위한 간단한 장치를 만들어 놓았더니 큰 습관을 들이게 된 것이다.

습관은 이처럼 작은 계획과 행동에 도움이 되는 장치를 함께 쓴다면 더 쉬워 진다.

아침에 알람과 밀당을 하는 마음도 이런 식으로 잡아야 한다. 무턱대고 '내일 아침은 꼭 평상시보다 한 시간 일찍 일어날 거야!' 라고 계획을 세운다면 부담만 커질 뿐이다.

필자 역시 매번 이런 밀당을 해오다 최근에 '작은 계획' 과 '주변 동료들과 함께' 라는 '장치' 를 걸어 아침 기상 습관을 바꿀 수 있었다. 필자와 동료들은 이를 '모커타임(모닝커피타임)' 전략이라고 부른다. 방법은 아주 간단하다.

회사의 친한 동료 몇 명이 아침마다 약속을 잡는다. 업무 시간 30분 전에 만나 차를 마시거나 간단하게 아침을 먹는다. 15분 정도 담소를 나누고도 업무 시작 15분 전에는 자리에 앉아 여유 있게 하루를 시작할 수 있다.

'모커타임' 으로 기상시간에 재미를 본 필자는 주말에도 이 방법을 종종 쓰곤 한다. 이름 하여 '조조타임' 이다. 특별한 일이 없는 주말 아침에 조조영화를 예매한다. 붐비지 않는 극장에서 영화에 집중할 수 있을 뿐만 아니라 오전에 끝나니 오후에 다른 일을 할 수 있다. 일요일에 퍼져 있기 쉬운 나 자신과의 밀당에서 승리하기 위해 필자가 고안한 작은 습관이다.

못다한 밀당매력 이야기

"본인이 가장 잘 하는 거 있으면 한 번 해 볼래?"

10살 때 EBS 어린이 프로그램에 출연할 아역 연기자 오디션에 참여했다. 담당 PD를 비롯한 몇몇 관계자 앞에서 또래의 아이들과 면접을 보았다. 심장은 터질 것 같고, 얼굴은 빨개지고….

엄마는 이곳에 왜 날 데리고 왔을까? 낯선 상황에 너무 부끄러워 얼른 빠져 나가고 싶었다.

"아이가 끼가 없네.…."

면접관 중에 누군가가 툭 내뱉었고, 결국 쭈뼛거리다 안 좋은 추억만 남겼다.

하지만 옆에 아이는 달랐다. 얼굴도 아주 귀엽게 생겼는데 면접관이 시키기도 전에 망설임 없이 춤을 멋지게 선보였다. 또 다른 아이는 대본도 없이 갑자기 폭풍 눈물 연기를 선보이기도 했다. 그들에 밀려 필자는 대사가 거의 없는 '아이 6'의 배역을 맡게 되었다.

촬영이 시작되자 아이1과 아이2는 메인으로 성인 연기자와 프로그램을 끌어 나갔다. 똑같은 시간을 촬영해도 그 아이들이 화면에 더 많이 비추는 것은 물론이고, 주변 스태프들도 그 아이들을 더 챙기는 모습이 보였다.

아이들 사이에도 치열한 경쟁이 있었다. 다른 연기자가 연기를 할 때 리액션이 좋은 아이는 비록 대사 없이 고개만 끄덕이는 장면이라도 더 많이 화면을 차지했다. 그러자 아이들은 시키지 않아도 적극적으로 호응했다. 율동할 때도 동작을 더 크고 예쁘게 해야 카메라에 비춰진다는 것을 알아차린 아이들은 더욱 열심이었다. 조금이라도 화면에 더 나오기 위해서는 본인의 매력을 어필해야 한다는 것을 저절로 깨달은 것이다.

필자도 그랬다. 촬영할수록 뒷줄에서 율동만 하는 것은 성에 차지 않았다. 아이들도 뒤에서 율동만 하는 친구는 은근히 무시하는 눈치였다. 조금이라도 중심으로 가기 위해 어떻게 해야 할까? 어린 마음에도 전략이 필요하다고 느꼈다. 율동이나 게임을 할 때는 최대한 메인 연기자 옆에 서야 한다는 것을 알았다. 그렇다고 너무 과한 욕심을 부리면 돌발 행동하는 아이로 찍힐 수 있어 고도의 기술이 필요했다. 최대한 어색하지 않게 애드리브를 해가며 중앙 자리를 차지하려는 노력을 기울였다.

생각해 보면 그때부터 수많은 사람들 중에 자신만의 매력을 어필하는 법을 배우고 있었다. 치열한 경쟁 속에서 티 나지 않게 매력을 발산해서 중앙에 서는 법을 터득하고 있었다.

그 후로도 많은 면접과 오디션을 치렀다. 그때마다 어렸을 때 치렀던 첫 오디션과 방송 경험을 떠올렸다. 면접이나 오디션은 먼저 상대방이 뽑고 싶어 하는 기준을 빨리 파악하고 그것에 맞춰 매력을 발산하는 것이 성패를 좌우 한다는 것을 잘 알고 있기 때문이다.

'밀당매력'은 특별한 기술이 아니라 우리가 살아가면서 원하는 것을 얻을 수 있는 가장 기본적인 기술이라는 것을 기억하자.

Epilogue

나매력의 실천 가이드가 되길 바라며

"당신에겐 어떤 매력이 있는가?"
"당신의 매력이 무엇이라고 당당하게 말할 수 있는가?"

"있다. 나의 매력은 이것이다."
이렇게 답할 수 있다면 과연 다른 사람에게도 그 매력을 잘 발산하고 있는지도 살펴 봐야 한다.

"없다."
이렇게 고개를 떨굴 수밖에 없다면 이제라도 보이지 않는 매력의 힘을 찾아 끄집어내고 가꿀 필요가 있다.

"글쎄요? 그건 상대방이 봐주는 거 아닌가요?"
이렇게 답한다면 되묻고 싶다.
"당신은 사람을 끌어당기는 힘이 있다고 봅니까?"

이성적이고 논리적으로 판단할 수 없는 이끌림, 마음을 동요시키는 끌림이 매력이다. 매력은 사람의 마음을 얻는데 최고의 힘을 발휘한다.

아무리 일처리를 완벽하게 해내도 인간미가 없다는 평가를 받거나, 나무랄 데 없는 상품 설명을 해도 상대의 마음을 얻지 못하는 경우가 많다.

왜일까? 가슴을 울리는 그 무엇, 즉 매력이 강력하게 어필을 하지 못했기 때문이다.

현대사회를 살면서 사람의 마음을 얻는 매력은 누구나 꼭 갖춰야 할 필수능력이다. 자신의 개인브랜드 가치를 높이기 위한 한수! 자신만의 매력을 갖추기 위해 노력해 나가야 한다.

학벌이 좋지 않다고, 외모가 예쁘지 않다고, 돈이 없다고 지레 겁을 먹지는 말자. 다이아몬드도 다듬지 않으면 보석의 가치를 지닐 수 없고, 구슬이 서 말이라도 꿰지 않으면 보배가 될 수 없다. 사람은 누구나 저마다의 매력을 지니고 있다. 문제는 지금 내 안에 원석으로 잠재되어 있는 매력을 어떻게 다듬고 꿰어나가느냐가 중요한 것이다.

나의 치명적인 매력은 무엇일까?

외모가 예쁘지 않아도 세련된 매너와 태도, 신뢰감 있는 이미지 메이킹으로 상대방을 움직일 수 있다. 스펙이 좋지 않아도 진심이 녹아

238

든 매력적인 화법과 표정으로 면접관의 마음을 얻을 수 있다. 자기 자신을 사랑하고 가꿀 줄 아는 마음이 바탕이 된다면 스스로 빛나는 별이 될 수 있는 것이다.

우리 여섯 명의 강사는 '매력' 이란 단어를 놓고 고군분투했다.
"감성을 두드리는 매력의 힘을 잡아야 하는데…."
"매력이 있고 없고가 소위 말하는 성공에 이르는 길이 분명한데…."
어떻게 그 매력을 잡을 수 있을 것인가? 더 많은 것도 있겠지만 먼저 '자존감, 유머, 화법, 이미지, 친화, 밀당' 에 우선순위를 두기로 했다. 여섯 가지 매력을 잡기 위한 실질적인 방법을 제시하고자 했다.

더하고 싶었다. 한 사람만으로 부족할 수 있는 여러 가지의 매력을 여섯 명의 강사가 마음을 맞대어 서로의 장점을 살려 매력을 더하고 싶었다.
그리고 이제 독자 여러분께 수줍은 마음으로 모든 것을 보여주었다. 매력은 완성체가 아니라 끊임없이 가꿔나가는 가운데 더욱 완성되어간다는 말을 믿는다. 이제 이 책을 읽은 여러분도 우리와 함께 할 수 있기를 바란다. 미처 이 책에서 다루지 못한 매력의 영역이 있다면 더 찾아 제시해 주길 바란다. 모쪼록 이 책은 이론으로 배우는 게 아니라 실천으로 옮겼을 때 더 가치가 있다는 것을 이해하고 당장 할 수 있는 작은 일부터 실천에 옮기는 실천 가이드로 활용했으면 한다.

그동안 '나매력'과 '안매력', 그리고 '나강리'가 되어 독자 여러분께 매력이 있고 없고의 사례를 몸소 보여준 실재 주인공들에게 감사드린다.

더불어 이 책의 세상 빛을 위해 힘써주신 출판이안 이인환 대표님과 로젠탈교육연구소 민현기 대표님께 진심으로 감사드린다.

공동저자 일동

240